*IMPOSTO PREDIAL
E TERRITORIAL
URBANO*

VALÉRIA FURLAN

IMPOSTO PREDIAL E TERRITORIAL URBANO

*2ª edição,
revista, atualizada e
ampliada,
2ª tiragem*

MALHEIROS
EDITORES

IMPOSTO PREDIAL E TERRITORIAL URBANO

© VALÉRIA FURLAN

*1ª edição, 1ª tiragem, 08.1998; 1ª edição,
2ª tiragem, 04.2000; 2ª edição, 04.2004.*

ISBN 85-7420-580-X

Direitos reservados desta edição por
MALHEIROS EDITORES LTDA.
Rua Paes de Araújo, 29, conjunto 171
CEP 04531-940 — São Paulo — SP
Tel.: (011) 3078-7205 — Fax.: (011) 3168-5495
URL: www.malheiroseditores.com.br
e-mail: malheiroseditores@terra.com.br

Composição
Scripta

Capa
Criação: Vânia Lúcia Amato
Arte: PC Editorial Ltda.

Impresso no Brasil
Printed in Brazil
04.2010

*A ROQUE ANTONIO CARRAZZA,
expoente do Direito Público,
paradigma da reflexão jurídica,
modelo de homem cuja generosidade e didatismo
iluminam meus passos nos caminhos do Direito,
minhas homenagens.*

*A LUCIA VALLE FIGUEIREDO,
expressão máxima de dinamismo
e determinação profissional,
cujo exemplo se eterniza,
tanto quanto sua doce lembrança.*

*Aos meus pais, ARMANDO e JOELIZ,
berço de minhas reflexões e de meus
melhores sentimentos.*

*"O saber não está na ciência alheia que se absorve,
mas, principalmente, nas idéias próprias,
que se geram dos conhecimentos absorvidos,
mediante a transmutação por que passam
no espírito que os assimila."*
(Rui Barbosa)

PREFÁCIO À 1ª EDIÇÃO

1. A Constituição Federal veicula um grande número de normas tributárias. Não só indica os fatos que podem ser objetos de tributação, como fixa os limites e as condições de seu exercício, deixando pouca liberdade para o legislador.

Neste particular o Constituinte adotou a técnica de prescrever de modo exaustivo as áreas dentro das quais as pessoas políticas podem levar a cabo a tributação. Concebeu, portanto, um sistema rígido de distribuição de competências tributárias.

Noutros falares: a Constituição disciplinou rigorosa e exaustivamente as competências tributárias, subtraindo ao legislador (complementar ou ordinário) a possibilidade de definir, com total liberdade, as normas jurídicas que criam *in abstracto* tributos (*normas jurídicas tributárias*).

Os entes tributantes (União, Estados-membros, Municípios e Distrito Federal) devem atuar, pois, dentro das estreitas faixas que lhe foram reservadas pela Constituição Federal, porquanto dela receberam *não* o *poder tributário* (incontrastável, absoluto), mas, *sim*, apenas uma parcela deste poder: a *competência tributária*.

É o caso de deixarmos registrado, desde logo, que *competência tributária* é aptidão jurídica para criar, *in abstracto*, tributos, descrevendo, legislativamente, suas *hipóteses de incidência*, seus *sujeitos ativos*, seus *sujeitos passivos*, suas *bases de cálculo* e suas *alíquotas*.

As competências tributárias das pessoas políticas foram desenhadas, com retoques à perfeição, por grande messe de normas constitucionais.

Dito de outro modo: o Código Magno, ao discriminar as competências tributárias, traçou a *regra matriz* de cada exação, apontando, direta ou indiretamente, a *hipótese de incidência possível*, o *sujeito ativo possível*, o *sujeito passivo possível*, a *base de cálculo possível* e a *alíquota possível* das várias espécies e subespécies de tributos. Segue-se, pois, que a pessoa política, ao exercitar sua competência tributária, deverá ser fiel a estes *arquétipos constitucionais*.

Ajudam a compor a *regra-matriz* de todas as exações os *princípios constitucionais tributários*, dentre os quais sobrelevam o *princípio da estrita legalidade*, o da *tipicidade fechada*, o da *igualdade* (que, nos impostos, leva ao *princípio da capacidade contributiva*), o da *anterioridade* e o da *segurança jurídica*.

Vemos, em suma, que, ao mesmo tempo em que distribuiu competências tributárias, a Constituição indicou os padrões, que o legislador ordinário de cada pessoa política deverá obedecer enquanto institui tributos.

Como corolário disso tudo, temos que as pessoas políticas não podem eleger *sponte propria* a *regra-matriz* dos seus tributos. Nem mesmo desvirtuá-la, quer no todo, quer em parte.

É dentro deste contexto constitucional que deve começar o estudo jurídico de qualquer tributo em nosso País.

Poucas, infelizmente, têm sido as obras, no Brasil, que seguem esta metodologia. Uma delas — damo-nos pressa em escrever — é justamente esta, que estamos tendo a honra de prefaciar.

2. A Professora Valéria Furlan, a pretexto de estudar o controvertido *imposto predial e territorial urbano* (IPTU), de competência dos Municípios, construiu uma verdadeira Teoria Geral do Direito tributário, tomando como ponto de partida a Constituição Federal, com os grandes princípios que ela alberga.

De fato, só depois de esmiuçar, com apoio no Texto Magno, a competência e autonomia política dos Municípios é que a autora partiu para a análise dos vários aspectos da hipótese de incidência do IPTU e do tão pouco estudado fenômeno da *progressividade* (*fiscal* e *extrafiscal*), a que este tributo deve necessariamente obedecer.

Procedendo deste modo, Valéria Furlan seguiu as lições do saudoso e inolvidável mestre Geraldo Ataliba, que, ao longo de sua profícua existência, sempre insistiu que, entre nós, a *Lei Maior Tributária* não é o *Código Tributário Nacional* (ou qualquer outro diploma legislativo que lhe faça as vezes), mas a própria Constituição.

3. Esta obra — que se originou de *dissertação de Mestrado* aprovada com distinção no Programa de Pós-Graduação em Direito

da Pontifícia Universidade Católica de São Paulo — em nada fica a dever às melhores sobre o assunto. Nem em profundidade, nem em qualidade jurídica.

Damo-nos pressa em acentuar que a ligação da autora com a chamada *Escola de Direito Tributário da Pontifícia Universidade Católica de São Paulo* não a impediu de ser original. Realmente, ao contrário de muitos juristas que se limitam a *estudar o já estudado e escrever o já escrito*, acrescentou às opiniões existentes sobre o *IPTU* não apenas número, mas — especialmente — peso.

Qualidades para isto nunca lhe faltaram. Mestre e Doutora em Direito Tributário pela Pontifícia Universidade Católica de São Paulo, ex-funcionária do Tribunal Regional Federal da 3ª Região (SP), no período de 1994-1999, onde assessorava a eminente juíza e Professora Lucia Valle Figueiredo (sem favor algum, um dos grandes expoentes do Direito Público em nosso País), Valéria Furlan leciona, com proficiência e invulgar brilho, a disciplina *Direito Tributário*, na Faculdade de Direito de São Bernardo do Campo (SP) e na Pontifícia Universidade Católica de São Paulo.

4. Proclamamos, pois, em alto e bom som — e sem receio de incorrer no elogio gratuito — que a Ciência Jurídica muito se enriquece com esta monografia, que, segundo estamos convencidos, será de consulta obrigatória para todos quantos quiserem ter uma visão mais abrangente e científica do IPTU.

A atualidade da obra provém não de uma ruptura com o passado, mas da reconstrução crítica do fenômeno da tributação da propriedade imobiliária urbana.

Por todos esses motivos, considero um especial privilégio prefaciar este livro da jovem Professora Valéria Furlan, cuja carreira jurídica já se prenuncia empolgante e promissora.

Roque Antonio Carrazza

NOTA À 2ª TIRAGEM DA 2ª EDIÇÃO

A presente dissertação encontra-se revestida em livro que tem galgado sucessivas reedições, graças à boa receptividade dispensada pelos estudiosos do tema.

A obra expõe a regra-matriz constitucional do Imposto Predial e Territorial Urbano – IPTU, bem como o substrato principiológico que informa nosso posicionamento sobre as questões mais sensíveis ao imposto em apreço, tais como delimitação da área urbana, sujeição passiva, progressividade fiscal, base de cálculo, dentre outras.

De nossa parte, portanto, mantém-se vivo o anseio pela continuidade de sua boa aceitação, assim como a disposição em manter acesas nossas reflexões jurídicas nessa seara.

SUMÁRIO

Prefácio à 1ª edição 7
Nota à 2ª tiragem da 2ª edição 11
Introdução 17
Direito e normas jurídicas – Noções elementares 17

1. **IPTU — Prévias considerações** 29
   1.1 IPTU — Imposto municipal 29
       1.1.1 Impostos que gravam o comércio exterior, atribuídos à União 29
       1.1.2 Impostos sobre o patrimônio e a renda 30
       1.1.3 Impostos sobre a transmissão, circulação e produção .. 30
       1.1.4 Impostos extraordinários 30
       1.1.5 Impostos previamente indeterminados 31
   1.2 IPTU — Imposto real ou pessoal? 33
   1.3 Competência e autonomia política dos Municípios 38

2. **Aspecto espacial da hipótese de incidência do IPTU** 49
   2.1 Lei n. 4.504, de 30 de novembro de 1964 49
   2.2 Lei n. 5.172, de 25 de outubro de 1966 (CTN) 50
   2.3 Decreto-lei n. 57, de 18 de novembro de 1966 51
   2.4 Lei n. 5.868, de 12 de dezembro de 1972 52
   2.5 Síntese 53
   2.6 Controvérsias doutrinárias 53
   2.7 Comentários 58

3. **Aspecto material da hipótese de incidência do IPTU** 62
   3.1 "Propriedade" para fins de IPTU 62
   3.2 Domínio útil e posse 67
   3.3 Controvérsia doutrinária 69

3.4 Bem imóvel 72
3.5 Ficções e equiparações jurídicas 74
3.6 Prédios e terrenos 74

4. **Aspecto pessoal do IPTU** 77
   4.1 Sujeito ativo do IPTU 79
   4.2 Sujeito passivo do IPTU 80
      4.2.1 Responsável solidário 82
      4.2.2 Enfiteuta e superficiário 84
      4.2.3 Possuidor a qualquer título 86
      4.2.4 Promitente comprador 86
      4.2.5 Usufrutuário 88
      4.2.6 Locatário 88

5. **Aspecto temporal da hipótese de incidência do IPTU** 92

6. **Aspecto quantitativo do IPTU** 94
   6.1 Base de cálculo "in abstracto" do IPTU 95
      6.1.1 Funções da base de cálculo 96
      6.1.2 Valor venal 99
      6.1.3 Determinação da base imponível 101
         6.1.3.1 Princípio da preeminência da lei 103
         6.1.3.2 Princípio da reserva de lei 103
      6.1.4 Reserva de lei formal 105
      6.1.5 Reserva de lei material 105
      6.1.6 Princípio da tipicidade e da especificidade ... 106
         6.1.6.1 Princípio da legalidade na esfera tributária ... 108
   6.2 Alíquotas do IPTU 110
   6.3 Classificação dos impostos quanto à variação de alíquotas 110

7. **Progressividade fiscal** 118
   7.1 Variação de alíquota do IPTU — Restrições constitucionais 118
   7.2 Princípio da isonomia 119

7.3 Princípio da capacidade contributiva 121
  7.3.1 *Natureza jurídica* 123
  7.3.2 *Capacidade contributiva e progressividade* 131
7.4 Progressividade fiscal e impostos reais 134
  7.4.1 *Generalidade, uniformidade e progressividade* 135
7.5 Progressividade fiscal e proporcionalidade 136
7.6 Considerações finais 141
7.7 Conclusão 142

8. **Progressividade extrafiscal** 143
  8.1 Noção 144
  8.2 Extrafiscalidade e função social da propriedade 145
  8.3 Impostos proibitivos e confiscatórios 148
  8.4 Regime jurídico 151
  8.5 Classificações 152
    8.5.1 *Extrafiscalidade repressora e favorecedora* 152
    8.5.2 *Classificação de Aires Fernandino Barreto (CF/69)* . 153
      8.5.2.1 Progressividade no tempo 155
      8.5.2.2 Progressividade no espaço 155
      8.5.2.3 Alíquotas progressivas em função
              do valor venal do imóvel 156
      8.5.2.4 Alíquotas progressivas em função
              da superfície 156
      8.5.2.5 Alíquotas progressivas em função
              da destinação do imóvel 156
      8.5.2.6 Alíquotas progressivas em função
              de equipamentos urbanos 156
      8.5.2.7 Progressividade conforme o gabarito
              das construções ou número
              de pavimentos 156
      8.5.2.8 Critério misto de aplicação
              da progressividade 157
      8.5.2.9 Progressividade em função do número
              de imóveis 157

8.6 Progressividade urbanística e não-urbanística 158
    8.6.1 Necessidade de plano diretor do Município 159
    8.6.2 Progressividade no tempo 160
        8.6.2.1 Desnecessidade de lei federal 161
        8.6.2.2 Natureza sancionatória 163
    8.6.3 Divergência doutrinária 164
        8.6.3.1 Primeira corrente 167
        8.6.3.2 Segunda corrente 169
        8.6.3.3 Posição da Suprema Corte 171
8.7 Comentários 175
    8.7.1 Progressividade fiscal e extrafiscal 176

9. Lançamento do IPTU 181
9.1 Espécies de lançamento 184
9.2 Alteração do valor venal 187
    9.2.1 Atualização monetária 188
    9.2.2 Planta genérica de valores 189
    9.2.3 Má avaliação do imóvel 194
    9.2.4 Impugnação ao lançamento 196
9.3 Notificação do lançamento 197
9.4 Prazo decadencial e prescricional 198

Bibliografia 201

INTRODUÇÃO

Destina-se o presente capítulo a traçar breves considerações que serão úteis para alicerçar a presente obra. Buscamos, na verdade, preestabelecer alguns conceitos que redundam numa tomada de posição para que, a final, possamos chegar a um todo coerente e harmônico.

Assim, nos tópicos seguintes assinalaremos o conceito de Direito por nós adotado e sintetizaremos, outrossim, algumas considerações a respeito da norma jurídica, sua estrutura e, principalmente, sua aplicação na órbita tributária, visando — vale frisar – a robustecer o estudo da norma instituidora do Imposto Predial e Territorial Urbano, nosso mister maior.

Direito e normas jurídicas — Noções elementares

Direito é um sistema normativo[1] fundado num conjunto de proposições.

Em si mesmo é uno e incindível. Sua divisão em ramos e sub-ramos visa tão-somente a facilitar sua aprendizagem. Daí o direito tributário ser apenas um "ramo" didaticamente autônomo do Direito.[2]

---

1. Adverte Norberto Bobbio que "não existem ordenamentos jurídicos porque há normas jurídicas, mas existem normas jurídicas porque há ordenamentos jurídicos distintos dos ordenamentos não-jurídicos. O termo Direito, na mais comum acepção de Direito objetivo, indica um tipo de sistema normativo, não um tipo de norma" (in *Teoria do ordenamento jurídico*, p. 30).

2. A propósito, para melhor explicitar, trazemos a contexto exemplo de Paulo de Barros Carvalho: dispõe parte da norma tributária que trata do IPTU, em síntese, *ser proprietário, ter o domínio útil ou a posse de bem imóvel, no perímetro urbano do Município, num dia determinado do exercício*. O assunto é eminentemente tributário; ser proprietário, ter domínio, posse, todavia, são conceitos desenvolvidos pelo direito civil. A lei que determina o perímetro urbano dos

Nessa linha de raciocínio, as disposições normativas que "indiretamente" tratam de matéria tributária são aquelas que possam vir a interessar ao ramo do direito tributário sempre que forem necessárias para elucidar o conteúdo, o sentido e o alcance das disposições normativas "diretas" (normas que tratam diretamente de matéria tributária), ou na precisa dimensão em que sirvam para explicitar os efeitos jurídicos delas decorrentes.[3]

Saliente-se, outrossim — e desde já —, um dos traços distintivos do Direito, isto é, que o aparta dos sistemas normativos, qual seja: o modo em que exerce a coação. É dizer: não basta ser um sistema coativo, uma vez que muitos há que também o são. Daí a necessidade de ressaltar qual a forma de coerção exercida pelo Direito – esta, sim, considerada exclusivamente apta para caracterizá-lo. Assim, para elucidar, a forma de coação de que se serve consiste na *possibilidade de constrangimento físico ou de execução forçada*. Todavia, tem-se hodiernamente como principal característica realmente individualizadora do Direito sua *estrutura escalonada de normas* que, a final, perfazem sua unidade.[4]

Cumpre também deixar registrada sua natureza eminentemente instrumental — que não se confunde com seus traços

---

Municípios é matéria cuidada e trabalhada pelos administrativistas. O Município é pessoa política de direito constitucional. Como se vê, qualquer interpretação normativa deve respeitar o princípio da unidade sistemática (in *Curso de direito tributário*, p. 11).

3. Diga-se de passagem que o estudo do direito tributário material responde às questões "quem deve pagar", "quanto e a quem se deve pagar"; "quando surge a contingência de pagar". Trata diretamente da obrigação tributária: como, quando e onde nasce, quando se extingue, quem são seus sujeitos ativo e passivo, qual seu objeto. Doutra parte, as questões "como se deve pagar"; "que ocorrerá se não se pagar"; "quais as conseqüências da fuga ao dever de pagar"; "que procedimentos se pode adotar para impugnar exigência de pagamento irregular" etc. não são de direito tributário material, mas de direito administrativo tributário (Geraldo Ataliba, *Hipótese de incidência tributária*, pp. 37 e 38).

4. Em outros termos, explicita Kelsen: "A ordem jurídica não é um sistema de normas jurídicas ordenadas no mesmo plano, situadas umas ao lado das outras, mas é uma construção escalonada de diferentes camadas ou níveis de normas jurídicas. A sua unidade é produto da relação de dependência que resulta do fato de a validade de uma norma, que foi produzida de acordo com outra norma, se apoiar sobre essa outra norma, cuja produção, por sua vez, é determinada por outra; e assim por diante, até chegar finalmente na norma fundamental — pressuposta" (v. *Teoria pura do Direito*, p. 240; também Michel Temer, *Elementos de direito constitucional*, p. 19).

individualizadores retromencionados —, haja vista que o Direito se traduz no meio pelo qual o Estado intervém na sociedade para a consecução do Bem Comum.[5]

O estabelecimento de relações jurídicas constitui a única forma utilizada pelo Direito para que possa servir como instrumento do Estado na busca de suas finalidades, uma vez que os direitos e respectivos deveres jurídicos que ensejam a disciplina do comportamento humano têm sua origem nas relações jurídicas.

Entenda-se por *relação jurídica* o liame jurídico que há entre duas pessoas em face de um mesmo objeto. Este objeto implica o cumprimento de uma dada prestação, de forma que, enquanto uma daquelas duas pessoas tem o dever de cumprir referida prestação, a outra tem, concomitantemente, o direito subjetivo de exigir seu cumprimento. Dá-se o nome de *sujeito ativo* à pessoa titular do direito subjetivo; e, doutro lado, designa-se *sujeito passivo* quem tem a titularidade do correlato dever jurídico. Tais relações, por sua vez, irrompem das normas jurídicas, ou, melhor, são conseqüências ou efeitos jurídicos da incidência das normas jurídicas.[6]

5. Sobre o caráter instrumental do Direito assinalava o saudoso Geraldo Ataliba: "Consiste o caráter instrumental do Direito nesta qualidade que todos reconhecem à norma jurídica de servir de meio posto à disposição das vontades para obter — mediante comportamentos humanos — o alcance das finalidades desejadas pelos titulares daquelas vontades. Os objetivos que dependem de comportamentos humanos podem ter no Direito excelente instrumento de alcance" (in *Hipótese* ..., p. 24).

6. Desse teor as lições de Becker, in *Teoria geral do direito tributário*, p. 307. A propósito, ensina o autor:

"O Direito é uma realidade, mas não metafísica, que existiria em si e por si. A finalidade do Direito não é atingir a realidade ou alcançar a verdade. A procura da realidade ou da verdade é o objeto das Ciências. A Ciência faz a *colheita* e a *análise* dos fatos metafísicos, físicos, biológicos, psicológicos, econômicos, financeiros, sociais, morais e inclusive fatos jurídicos. Com o *auxílio* destes fatos (colhidos e analisados pelas Ciências) ou contra estes fatos o Estado *age*.

"Por que age o Estado?

"O Estado age para obter, manter e desenvolver o Bem Comum (autêntico ou falso) e o *conteúdo* deste depende da *filosofia* moral e social adotada por cada Estado. Em síntese: a *resposta* a esta pergunta cabe à Ciência Política e o *valor* da resposta será medido pela Filosofia do Direito. O problema desta resposta e do seu valor estão completamente *fora* do campo da Teoria Geral do Direito.

"Com que age o Estado?

Passaremos, agora, a uma análise perfunctória da norma jurídica, pelas razões inicialmente expostas.

Para o ilustre professor da Universidade de Torino Norberto Bobbio, o Direito compõe-se de um conjunto de "proposições prescritivas". Tais proposições seriam, no dizer do autor, o gênero do qual são espécies as "prescrições abstratas" e as "prescrições concretas": aquelas correspondem às normas jurídicas; estas, as prescrições concretas, consistem em comandos ou ordens.

Neste passo, é possível já anotarmos a distinção entre sistema jurídico e sistema normativo. Com efeito, enquanto o sistema jurídico compreende todo o conjunto das proposições prescritivas — isto é, tanto as prescrições abstratas como as concretas —, o sistema normativo limita-se apenas ao conjunto das prescrições abstratas ou, noutro dizer, ao conjunto das normas jurídicas.

Tornando ao nosso rumo, observa Norberto Bobbio que a norma jurídica, conforme o critério que se tem em vista — temporal, hierárquico e funcional —, pode ensejar algumas nuanças na tradicional classificação das normas em primárias e secundárias.[7]

Vejamos, por primeiro, as lições do ilustre mestre de Viena, Hans Kelsen. Para o autor a antijuridicidade nos denominados *fatos ilícitos* supõe uma norma sancionadora. Noutras palavras, a enunciação do Direito apóia-se numa "norma dupla": uma descreve a conduta humana ensejadora de disciplina jurídica; outra estabelece a sanção para o caso de não-observância àquele comportamento desejado.

Kelsen, no entanto, atribuiu maior relevância à norma sancionadora, pois seria esta a que ressalta o traço distintivo do Direito — qual seja, o modo em que a coação é exercida — acima

"O Estado age com um *instrumento*: o Direito (a regra jurídica); a natureza essencial do Direito é a natureza *instrumental*.

"A natureza essencial do Direito não está nos comandos e proibições — mas está no *instrumento* que atua mediante *regras de conduta* (regras jurídicas), segundo as quais o fazer ou o não-fazer do homem deve sujeitar-se" (pp. 55 e 56).

7. Cumpre salientar que a importância das teorias que se seguem exsurge do próprio enfoque dicotômico atribuído à norma jurídica, uma vez que tal proceder possibilita uma análise sistemática e, portanto, mais frutífera do Direito.

delineado. Por tal razão, intitulou de norma primária a norma sancionadora e de norma secundária a que impõe a conduta plasmada pelo ordenamento jurídico. Vê-se, portanto, que o critério empregado por Kelsen para laborar tal classificação é meramente *funcional*, pois visa apenas a aclarar que na norma primária está a essência do Direito.[8]

Diversamente, A. Thon designava como norma primária aquela provida de conteúdo material e de norma secundária a norma sancionadora. Desta forma, pode-se asseverar que o renomado jurista alemão firmou-se no critério *temporal*.

Por fim, esclarece Bobbio que a referida classificação — norma primária e norma secundária —, encontrável no direito constitucional, perfilha, na verdade, o critério *hierárquico*, pois as regras são apartadas conforme se encontrem em condição de superioridade ou de inferioridade. Ou seja: na hierarquia das fontes, normas primárias seriam as situadas em posição superior e normas secundárias as que se encontrem em nível inferior, extraindo daquelas seu fundamento de validade.

Antes de darmos mais um passo a respeito da estrutura da norma jurídica, queremos deixar assentado que seguimos a linha de Kelsen no que concerne à distinção entre normas primárias e secundárias.

Carlos Cossio — expositor da teoria egológica do Direito —, assim como Kelsen, também vislumbra na "norma dupla" forma de expressão do Direito. Todavia, o mérito do autor revela-se por ter-se aprofundado um pouco mais na estrutura da "norma dupla" do mestre vienense.

Deveras, Cossio desmembrou, à luz do critério funcional, a norma completa em duas partes, denominadas *perinorma* e *endonorma*. Estas, *grosso modo*, correspondem, respectivamente, às normas primária e secundária de Kelsen. Dissemos *grosso modo* porque, a rigor, a norma primária, quando se refere à sanção, diz respeito à atuação da Administração, enquanto que a perinorma, de sua vez, alude ao próprio comportamento do administrado passível de sanção.

---

8. Atualmente essa posição, como vimos linhas atrás, apresenta-se superada, tendo-se como característico próprio do sistema jurídico normativo a existência de uma estrutura escalonada de normas, ou, no dizer de Kelsen, "a particularidade que possui o Direito de regular a sua própria criação" (v. *Teoria* ..., p. 240).

Ocorre que tanto a endonorma quanto a perinorma possuem uma hipótese associada a uma conseqüência, apresentando, desta forma, a mesma estrutura estática. Assim, na hipótese das endonormas encontra-se a descrição de um comportamento que, uma vez realizado, desencadeia uma prestação que se encontra prevista no conseqüente das endonormas. Doutra parte, o descumprimento desta prestação constitui a hipótese das perinormas, que, por sua vez, fará irromper uma relação de natureza sancionatória prevista no conseqüente das perinormas.[9]

Por outros torneios, estudar as hipóteses das perinormas é o mesmo que estudar as infrações, enquanto que estudar as conseqüências das perinormas implica estudar as próprias sanções jurídicas. De conseguinte, como observa Carlos Cossio, quem pratica uma infração não viola o Direito, apenas e tão-somente realiza a conduta prevista no suposto das perinormas.[10]

---

9. Noutras palavras, compõe-se, basicamente, a norma jurídica completa de duas partes — chamadas endonorma e perinorma —, cada qual, por sua vez, biparte-se em outras duas, cuja estrutura revela uma hipótese de incidência (descritor) e um conseqüente normativo (prescritor): a primeira contém a descrição de um fato, enquanto o prescritor estabelece a relação jurídica que irá se instalar com a ocorrência daquele fato *in concreto*. Exemplifiquemos — mas, por primeiro, cumpre assinalar que a norma jurídica tributária enseja a incidência fiscal, e, como estamos a cuidar da incidência do IPTU, os exemplos trazidos dizem respeito a essa exação: 1ª norma — ser proprietário de imóvel urbano (hipótese); pague x% do seu valor venal (conseqüência); 2ª norma – não-recolhimento do tributo, isto é, descumprimento do conseqüente da 1ª norma (hipótese); pagamento do imposto devido mais multa de n% (conseqüência). Desse teor as lições de Paulo de Barros Carvalho. Entanto, Geraldo Ataliba adota a tese segundo a qual a sanção integra a estrutura estática da norma jurídica. Noutro dizer, a norma jurídica para este renomado autor compõe-se apenas de hipótese, mandamento e sanção, sendo que esta — a sanção — é mera conseqüência jurídica que passa a incidir sempre que desobedecido o mandamento principal da norma. Adverte, porém, Geraldo Ataliba que ambas as teses conduzem a idênticos resultados (in *Hipótese* ..., p. 41). Exemplificando, para Geraldo Ataliba seria: 1) ser proprietário de imóvel urbano (hipótese); 2) pague x% do valor venal ao Estado (mandamento); descumprido o mandamento, incidem automaticamente os preceitos que incrementam o volume do débito (juros, multa, correção monetária etc.). Todavia, apenas é obrigação tributária a conseqüência que resulta do descumprimento do mandamento, pois as conseqüências resultantes do descumprimento da sanção são simples obrigações pecuniárias.

10. Cf. Hans Kelsen, *Teoria pura do Direito*, pp. 124 e s.; Lourival Vilanova, *As estruturas lógicas e o sistema do direito positivo*, p. 211.

O conceito de norma jurídica, assim, já pode ser trazido a contexto: *toda proposição prescritiva de estrutura hipotética que impute ao acontecimento do suposto determinado tipo de comportamento humano*.[11]

A descrição do fato ou acontecimento contida na hipótese de incidência bem como a relação jurídica que se encontra prevista no conseqüente normativo apresentam-se sob vários aspectos, cuja reunião lhes dá identidade. Esses aspectos nem sempre vêm arrolados de forma explícita e integrada na lei. Excepcionalmente há uma lei que os enumere e especifique a todos, mas, via de regra, os aspectos integrativos da hipótese de incidência estão esparsos na lei, ou em diversas leis, sendo que muitos estão implícitos no sistema jurídico.[12]

O conceito normativo, todavia, não deixa de ser uno e indivisível pelo fato de possuir diversos aspectos, ou seja, não implica sua decomposição em "partes" ou "elementos".

Geraldo Ataliba[13] referiu-se, oportunamente, quando tratava do tema, ao seguinte exemplo de Paulo de Barros Carvalho: se numa aula de Física se propusesse como objeto de estudo uma esfera metálica, salientaria o professor inicialmente o caráter unitário e incindível desse objeto. A esfera não tem elementos

11. Conceito de Paulo de Barros Carvalho, in *Teoria da norma tributária*, p. 33. Outrossim, esclarece o renomado autor que as proposições categóricas não integram o conceito de norma jurídica, uma vez que não constituem juízos hipotéticos, em que se agrega a determinada condição uma conseqüência. Tais juízos categóricos (proposições que descrevem estados, pessoas e coisas) apenas completam a ordem jurídica, pois os juízos hipotéticos, por si sós, não são suficientes para a vida e o regular funcionamento do Direito (p. 34). A norma jurídica, na verdade, cria relações jurídicas ou, noutro dizer, cria direitos subjetivos e respectivos deveres jurídicos. As proposições categóricas, de seu turno, criam apenas poderes e deveres desprovidos de qualquer correlação com outros poderes e deveres.

12. Lembra, doutra parte, Sacha Calmon: "A lei é um ente positivo. A norma é um ser lógico. Pode até haver coincidência entre lei e norma, caso raro. Normalmente *a norma decorre de um conjunto de leis*" (in *Teoria geral do tributo e da exoneração tributária*, p. 70).

13. In *Hipótese* ..., p. 69. Ressalta, também, Geraldo Ataliba a equivocidade da palavra "elementos": esta sugere a idéia de que se está diante de algo que entra na composição doutra coisa que serve para formá-la, e não atributos ou qualidades de uma coisa una e incindível; os aspectos da hipótese de incidência não são suas causas, não lhe determinam o ser, mas apenas informam seu modo (maneira) de ser.

ou partes. Não pode ser decomposta ou desmontada. Se for cindida, já não será mais uma esfera, mas outro objeto: duas semi-esferas. Para manter sua identidade substancial, como objeto de estudo, há de ser considerada unilateralmente.

Mas ela pode ser examinada quanto a diversas propriedades, ou características ou aspectos, reconhecíveis na sua unidade substancial: forma, brilho, peso, simetria, matéria, mobilidade, tamanho, consistência, densidade etc. São aspectos ínsitos na sua unitária consistência. Só abstratamente se estabelece separação entre estes diversos aspectos. As conclusões extraídas do exame de todos os aspectos mencionados conduz a melhor, mais perfeito e mais minucioso conhecimento da "esfera metálica", que, por ter propriedades, qualidades ou atributos inúmeros, não deixou de ser una e incindível.

São aspectos da norma jurídica as qualidades que determinam hipoteticamente os sujeitos da relação jurídica, bem como seu conteúdo material, local, momento de nascimento e o montante devido, designados por: 1) aspecto pessoal; 2) aspecto material; 3) aspecto espacial; 4) aspecto temporal; e 5) aspecto quantitativo.

Assim, tanto no antecedente como no conseqüente normativo podemos encontrar aspectos identificativos da norma jurídica.

Na hipótese de incidência teremos o aspecto material (situação ou comportamento humano), o temporal (momento em que nasce a obrigação, isto é, em que se instaura a relação jurídica) e o espacial (local onde se irrompe a obrigação).

Já no conseqüente normativo encontraremos os aspectos pessoal (onde se definem os sujeitos da obrigação) e quantitativo (que permite a apuração do débito tributário: base de cálculo e alíquota).

Exemplifiquemos com a norma jurídica definidora da incidência do IPTU: sua hipótese compreende o aspecto material (a propriedade de prédio ou terreno), o aspecto espacial (imóvel localizado na zona urbana), o aspecto temporal (dia 1º de janeiro). Sua conseqüência, doutra parte, engloba o aspecto pessoal (sujeito ativo: Fazenda Municipal; sujeito passivo: o proprietário do imóvel) e o aspecto quantitativo (base de cálculo: o valor venal do bem imóvel e a alíquota: n%).

Representemos o que acaba de ser dito, graficamente:

norma jurídica completa
- endonorma (Cossio) ou norma secundária de Kelsen
  - antecedente
    - aspecto material
    - aspecto espacial
    - aspecto temporal
  - conseqüente
    - aspecto pessoal
    - aspecto quantitativo
- perinorma (Cossio) ou norma primária de Kelsen
  - antecedente
  - conseqüente

De conseguinte, podemos asseverar que estudar a incidência fiscal equivale a examinar os aspectos da norma que institui a obrigação tributária, ainda que estejam esparsos no ordenamento jurídico.

A tradicional *classificação dos tributos* em *vinculados* e *não-vinculados* também supõe a visualização, isto é, a separação mental, abstrata dos diversos aspectos do conceito normativo.

É dizer: para que se possa chegar a essa classificação há de se ter em conta o aspecto material, pois este é utilizado como critério para efetuar a distinção entre tributos vinculados e não-vinculados, bem como para apartar as espécies tributárias.

Trata-se, como se vê, de uma classificação jurídica baseada no direito positivo brasileiro, uma vez que leva em conta apenas o fato ou acontecimento que se encontra descrito no antecedente da hipótese de incidência da norma tributária. Destarte, segundo Geraldo Ataliba trata-se de critério constitucionalmente consagrado de modo expresso, impedindo postura diversa do legislador ordinário.

Vale lembrar, o aspecto material pode consistir: 1) numa atividade do poder público (ou numa repercussão desta); 2) ou, pelo contrário, num fato ou acontecimento inteiramente indiferente a qualquer atividade estatal.

Fala-se, então, em tributos vinculados quando a materialidade da hipótese de incidência consistir numa atividade do poder público (como ocorre com as taxas), ou numa repercussão desta (é o caso da contribuição de melhoria), como, por exemplo, o Estado fornecer água, certidão, expedir documentos, conceder licença, autorização, permissão, realizar obra que valorize imóvel particular etc.

Doutro lado, teremos os tributos não-vinculados quando a materialidade da hipótese de incidência consubstanciar-se num fato ou acontecimento inteiramente distinto de qualquer atividade estatal, ou seja: alguém vender, exportar, ser proprietário, transmitir imóvel, prestar serviço, receber rendimentos, importar etc. Nesta categoria encontram-se apenas os impostos.

Embora prescindível, por óbvia, a relevância da aludida classificação, julgamos pertinente traçar alguns contornos.[14]

A relevância traduz-se no *regime jurídico*, que deve ser rigorosamente observado para cada espécie de tributo, dada a rigidez do nosso sistema constitucional tributário.

14. Geraldo Ataliba, in *VI curso de especialização em direito tributário*, pp. 44 e 45:

"Na Alemanha, na Itália, na Espanha, a diferença não é muito relevante, porque, se for taxa, vai ter de pagar de qualquer jeito. De maneira que não é tão importante discutir a classificação dos tributos. Por isso, os livros dos autores estrangeiros para nós não têm, nesta parte, grande importância. Por isso eles não tratam da classificação dos tributos. Os alemães, quando muito, gastam meia página falando em taxa, porque, seja taxa, seja imposto, é tudo igual! Acontecido o fato imponível, nasce a obrigação tributária e o tributo tem de ser pago.

"No Brasil é essencial distinguir os impostos das taxas, os tributos vinculados dos não-vinculados, porque *a Constituição Federal não só separou, mas atribuiu regimes jurídicos diferentes e muito estritos a cada qual*, e se o legislador não obedecer rigorosamente a todos os requisitos destes regimes jurídicos diferentes o tributo não é válido. Aqui, no nosso caso, o fato de ser imposto ou de ser taxa, de modo geral, não tem grande importância, mas importa muito, tendo em consideração o contribuinte, o aspecto pessoal da hipótese de incidência. Porque, se o contribuinte, se o sujeito passivo, em tese, for uma pessoa pública — União, Estados ou Municípios — ou autarquia, a Constituição Federal diz que são estas pessoas públicas imunes a impostos, não pagam impostos, não podem ser sujeitos passivos de imposto. Se, então, concluirmos que isto é imposto, União, Estados, Municípios e autarquias, entidades educacionais, filantrópicas etc., não devem pagar. Se concluirmos que é taxa, têm de pagar, porque a imunidade tributária não cobre taxas" (grifamos).

Com efeito, atribuem-se princípios e regras informadoras específicos consoante se tratar de impostos, taxas e contribuição de melhoria. Deste modo, no caso de impostos, por exemplo, deve ser respeitado o princípio da capacidade contributiva, assim como os princípios da retributividade e da proporcionalidade devem ser observados, respectivamente, nas hipóteses de taxas e de contribuição de melhoria.

Doutra parte, o fato tributável permite verificar se restou observado o princípio da reserva de competência impositiva, bem como, *v.g.*, o da imunidade recíproca dos entes públicos.

Assentadas essas noções basilares e, portanto, convenientes ao estudo da incidência de toda e qualquer espécie tributária, cumpre agora, num capítulo próprio, discorrer um pouco sobre temas que mais diretamente encontram-se relacionados ao Imposto Predial e Territorial Urbano, tais como *competência e autonomia política do Município*.

1
IPTU — PRÉVIAS CONSIDERAÇÕES

1.1 IPTU — Imposto municipal: 1.1.1 Impostos que gravam o comércio exterior, atribuídos à União — 1.1.2 Impostos sobre o patrimônio e a renda — 1.1.3 Impostos sobre a transmissão, circulação e produção — 1.1.4 Impostos extraordinários — 1.1.5 Impostos previamente indeterminados. 1.2 IPTU — Imposto real ou pessoal? 1.3 Competência e autonomia política dos Municípios.

Mencionamos na parte introdutória desta dissertação a útil e, portanto, relevante classificação jurídica dos tributos em vinculados e não-vinculados, muitíssimo bem esmiuçada pelo inolvidável mestre Geraldo Ataliba.

Todavia, antes de iniciarmos o exame dos temas centrais deste capítulo — competência e autonomia dos Municípios —, referir-nos-emos a mais duas espécies de classificações — agora, porém, somente no que tange aos impostos —, objetivando, basicamente, ressaltar a importância dos temas trazidos para cá.

1.1 IPTU — *Imposto municipal*

A própria Constituição Federal — pondera Roque Antonio Carrazza — oferece-nos a classificação jurídica dos impostos em seus arts. 153, 155 e 156, que discriminam as competências impositivas da União, dos Estados, do Distrito Federal e dos Municípios. Quanto ao Distrito Federal, lembre-se, sua competência para criar impostos coincide com a que a Lei Suprema outorgou aos Estados e aos Municípios.

Vejamos.

1.1.1 *Impostos que gravam o comércio exterior, atribuídos à União*

— Imposto sobre a Importação (União);

— Imposto sobre a Exportação (União).

1.1.2 Impostos sobre o patrimônio e a renda

— Imposto sobre a Renda e Proventos de Qualquer Natureza (União);

— Imposto sobre a Propriedade Territorial Rural (União);

— Imposto sobre as Grandes Fortunas (União);

— *Imposto sobre a Propriedade Predial e Territorial Urbana (Municípios).*

1.1.3 Impostos sobre a transmissão, circulação e produção

— Imposto sobre a Transmissão *Causa Mortis* e Doação de quaisquer bens ou direitos (Estados e Distrito Federal);

— Imposto sobre a Transmissão *Inter Vivos,* a qualquer título, por ato oneroso, de bens imóveis, por natureza ou acessão física, e de direitos reais sobre imóveis, exceto os de garantia, bem como cessão de direitos à sua aquisição (Municípios);

— Imposto sobre Produtos Industrializados e Imposto sobre Operações de Crédito, Câmbio e Seguro, ou relativas a títulos ou valores mobiliários (União);

— Imposto sobre Operações relativas à Circulação de Mercadorias e sobre Prestações de Serviços de transporte interestadual e intermunicipal e de comunicação (Estados e Distrito Federal).

1.1.4 Impostos extraordinários

São simples impostos que, criados pela União na iminência ou no caso de guerra externa, não precisam respeitar o princípio da reserva de competências impositivas, nem o princípio da anterioridade.

Com efeito, estabelece o art. 154, II, do texto constitucional: "A União poderá instituir: (...) II — na iminência ou no caso de guerra externa, impostos extraordinários, compreendidos ou não em sua competência tributária, os quais serão suprimidos, gradativamente, cessadas as causas de sua criação".

O Brasil nunca precisou criar impostos extraordinários, pois nunca se encontrou em estado de beligerância, após sua previsão constitucional.

Todavia, para que tais impostos sejam criados mister se faz obedecer a todos os princípios constitucionais tributários, salvo os princípios da reserva das competências impositivas e da anterioridade.

Saliente-se que a criação de um imposto extraordinário da competência de outra pessoa jurídica não impede que esta continue a exercitá-la. Assim, por exemplo, se a União, por motivo de guerra externa, criar um adicional do IPTU, imposto que em época de paz é da competência privativa dos Municípios e do Distrito Federal, estes poderão continuar exigindo tal tributo dos imóveis urbanos localizados em seus territórios. Trata-se de uma situação de *bis in idem* válida, já que autorizada pela própria Constituição Republicana.

1.1.5 Impostos previamente indeterminados

São impostos da competência residual da União que só podem ser criados por lei complementar. Não podem, doutra parte, ser cumulativos, nem apresentar a mesma hipótese de incidência e base de cálculo dos impostos da esfera de competência dos Estados, do Distrito Federal e dos Municípios e da própria União, já discriminados expressamente pela Lei Maior.

Sem mais torneios, podemos acentuar que *todos esses fatos revelam, ou, pelo menos, fazem presumir, a capacidade econômica das pessoas que os realizam (capacidade contributiva)*. Noutras palavras: o que queremos neste momento ressaltar é que a própria Constituição já cuidou de traçar o critério que deve ser seguido pelo legislador infraconstitucional também em matéria de impostos.

Amílcar Falcão, cuidando do tema, esclarece que não se trata de incluir na hipótese de incidência um fato simplesmente econômico, mas, sim, um fato que possa realmente demonstrar ou permitir que se infira a capacidade econômica do contribuinte. Ouçamo-lo:

"Uma peculiaridade, entretanto, possui esse fato juridicamente relevante para o Direito Tributário: constituir um critério, um índice ou um indício para a aferição da capacidade econômica ou contributiva dos sujeitos aos quais se atribui. Por outras palavras, em sua essência, substância ou consistência, é o fato gerador um fato econômico, ao qual o Direito empresta relevo jurídico.

"Entenda-se bem a afirmativa que acabamos de fazer. Não se asseverou aqui, como, aliás, fazem certos autores, ser o fato gerador, simplesmente, um fato econômico, o que se afiguraria incorreto; sim, por isso que, considerados pelo Direito para que se lhes confiram efeitos ou qualificações juridicamente relevantes, os fatos políticos, econômicos, sociais em geral, ou mesmo os do mundo físico, passam a conceituar-se como fatos jurídicos.

"Quis assinalar, porém, que *o aspecto do fato gerador que o legislador tributário considera para qualificá-lo é a sua idoneidade ou aptidão para servir de ponto de referência, de metro, de indicação por que se afira a capacidade contributiva ou econômica do sujeito passivo da obrigação tributária*"[1] (grifamos).

Mas a importância da classificação não pára aí. É dizer: não sendo o Brasil um Estado Unitário, mas Federal, a União e os Estados-membros são reciprocamente autônomos. Logo, não pode haver hierarquia entre seus atos normativos, mas apenas em relação à Lei Maior.

De conseguinte, cada pessoa política de direito público — União, Estados, Distrito Federal e Municípios — deve atuar dentro de sua respectiva esfera de competência legislativa, sob pena de violar o denominado *princípio constitucional da reserva de competências tributárias*.

Ora, o critério constitucional utilizado para demarcar as esferas de competências está na materialidade da hipótese de incidência tributária, ou seja: o fato ali descrito indicará qual a pessoa política competente para instituir o respectivo tributo.

O IPTU, *v.g.*, é um dos impostos que incidem sobre o patrimônio imobiliário, mais precisamente sobre prédios e terrenos localizados na área urbana. Incide, vale dizer, não sobre todo o patrimônio do contribuinte, amplamente considerado, mas apenas sobre uma parte dele: a propriedade imobiliária localizada na área urbana.

E por determinação da Lei Maior inclui-se entre os impostos da competência dos Municípios. Logo, somente lei munici-

---

1. Amílcar Falcão, *Fato gerador da obrigação tributária*, p. 29.

pal poderá criá-lo, descrevendo sua hipótese de incidência e assinalando sua base de cálculo *in abstracto* e alíquota.

1.2 IPTU — Imposto real ou pessoal?

Classificam-se os impostos em pessoais e reais, tomando-se por base seu objeto de incidência ou a possibilidade de se atender ao princípio da capacidade contributiva. G. A. Posadas-Belgrano oferece-nos a seguinte noção sobre esse assunto:

"Hay quienes sostienen que impuestos *directos* son los que tienen en cuenta la capacidad contributiva, e *indirectos* los demás; para otros, los impuestos son directos cuando no se puede trasladar el impacto impositivo e indirecto aquéllos en los cuales la traslación es posible; otro criterio adoptado es el de tomar en cuenta el procedimiento a seguir para la determinación del adeudo impositivo. Serían directos aquéllos que requieren un proceso de acertamento e indirectos los que no lo requieren.

"Los impuestos *directos* se subdividen en: *personales* o *subjetivos* y *reales* u *objetivos*.

"Los primeros son los que gravan los réditos o los bienes del contribuyente, teniendo en cuenta las condiciones económicas de éste. Los objetivos son los que gravan los bienes o los réditos considerados en sí mismos, sin tener en cuenta la situación personal del contribuyente.

"También se llama impuesto real aquél cuyo pago está garantido con afectación real de las cosas que constituyen la materia imponible"[2] (grifamos).

Depreende-se do exposto que os impostos classificam-se em diretos e indiretos. *Diretos* são os que não repercutem e, portanto, levam em conta o princípio da capacidade contributiva. *Indiretos* os que repercutem (repassa-se o encargo tributário a quem não realizou o fato imponível). Aqueles — os diretos —, por sua vez, classificam-se em pessoais e reais. *Pessoais* são os que se referem a pessoas — tratar-se-ia, nestes termos, do imposto de renda, já que diretamente relacionado com a pessoa que auferiu rendimentos líquidos —, e *reais* os que se referem a coisas — e neste caso seria, *v.g.*, o IPTU, por se referir ao imóvel urbano.

2. In *Derecho tributario*, pp. 135 e 136.

Noutras palavras, conforme se acentue a importância do aspecto material terá o imposto caráter real; e, diversamente, preponderando o aspecto pessoal teremos o imposto dito pessoal.

Poder-se-ia afirmar que referida classificação encontra grande guarida para fins hermenêuticos, visto que o legislador deve atender à primeira parte do § 1º do art. 145 da Constituição Federal, que demanda a observância do caráter pessoal dos impostos.[3] Ou seja: a expressão "sempre que possível", constante do mencionado dispositivo, significaria que o princípio da capacidade contributiva deve ser observado apenas e tão-somente quando se tratar de imposto que tenha caráter pessoal. Diversamente, tratando-se de imposto de natureza real tal princípio deverá ser afastado. É esta a posição de grande parte da doutrina.

Aliás, a doutrina majoritária incluiu o IPTU na categoria dos impostos ditos "reais", uma vez que o núcleo do aspecto material — a propriedade — se sobressai.

Neste caso não haveria como graduar as alíquotas do IPTU de acordo com a capacidade econômica do contribuinte, tal como determina o § 1º do art. 145, acima mencionado.

Misabel Derzi e Sacha Calmon, não obstante, por entenderem que o referido imposto leva em consideração a capacidade contributiva, sustentam que o IPTU deveria ser tido como imposto pessoal.

De sua vez, demonstra Roque Antonio Carrazza que, juridicamente, todos os impostos são pessoais, na medida em que o contribuinte é sempre uma pessoa (física ou jurídica). Deste modo, no pólo passivo das obrigações impositivas só poderia figurar uma pessoa, nunca uma coisa.

Isto é o que também se pode depreender das lições de Alfredo Augusto Becker quando ensina:

"A relação jurídica tem dois pólos: o positivo e o negativo.

"A pessoa (física ou jurídica) é o único pólo admissível das relações jurídicas. Por isto, toda e qualquer relação jurídica (inclusive a que atribui direito real ao sujeito ativo) é sempre pessoal: entre pessoa e pessoa, nunca entre pessoa e coisa."[4]

---

3. Nesse sentido Geraldo Ataliba, *Hipótese* ..., p. 126.
4. In *Teoria geral* ..., p. 307.

Com efeito, não vemos relevância jurídica alguma na classificação dos impostos em *diretos* ou *indiretos*, uma vez que para o direito tributário positivo interessa investigar apenas quem realizou o fato imponível, nada mais.[5]

Doutra parte, não existem, juridicamente falando, impostos reais, pois, se entendermos que a relação jurídica só pode acontecer entre duas pessoas, entre dois sujeitos — teoria kelseniana —, o imposto também, como toda relação jurídica, sempre será pessoal; até porque o imóvel não paga imposto, quem paga imposto é o proprietário do imóvel ou o seu possuidor,[6] no caso do IPTU.

Ademais, o aspecto material da hipótese de incidência dos impostos visa, precisamente, a auferir a capacidade econômica do sujeito passivo da obrigação tributária, para que todos possam vir a ser tributados igualmente, isto é, conforme sua capacidade contributiva.

É dizer, se aceitássemos a classificação meramente *econômica* dos impostos em reais e pessoais — segundo a qual nem todos os fatos tributários poderiam ser considerados aptos para ensejar a observância do princípio da capacidade contributiva, mas apenas as hipóteses dos impostos ditos "pessoais" —, cairia por terra a classificação jurídica dos tributos extraída do próprio texto constitucional.[7]

---

5. Alberto Xavier constata que a mais conhecida e generalizada classificação dos impostos que os separa em diretos e indiretos também é, de há muito, acusada de falta de rigor científico e de interesse prático. E leciona: "Em França a classificação legal entre impostos directos e indirectos é de suma importância, pois é ela que comete o julgamento contencioso dos primeiros (que pressupõem a elaboração de um *rôle administratif*) aos tribunais administrativos e dos segundos aos tribunais ordinatórios. Entre nós, contudo, as classificações em directos e indirectos têm alcance mais limitado" (cf. *Manual de direito fiscal*, p. 99). Aliás, v. também a conclusão a que chegou Eduardo Domingos Botallo: "o critério da repercussão econômica não é hábil, idôneo nem cientificamente reconhecido como bastante para determinar a classificação dos tributos em diretos e indiretos" (in *RDP* 22/319).

6. Nesse sentido Estevão Horvath e Sacha Calmon, in *RDTributário* 58/136.

7. Segundo a tradicional classificação jurídica dos tributos em vinculados e não-vinculados, cujo critério consiste na materialidade do fato descrito na hipótese de incidência, têm-se três espécies tributárias: os impostos, as taxas e a contribuição de melhoria. Os impostos situam-se na categoria dos tributos não-vinculados, isto é, tributos cujas hipóteses de incidência descrevem um

Noutras palavras, a classificação dos tributos em vinculados e não-vinculados, consoante seu critério material, permite que sempre que possível seja respeitado o princípio informador de todos os impostos, qual seja, o da capacidade contributiva.

A expressão *sempre que possível* prevê a possibilidade de que certos impostos, como o IPI e o ICMS, não possam atender ao princípio da capacidade contributiva não porque o fato tributável não seja passível de dimensão econômica, mas sim por ser o consumidor final, e não o realizador do fato imponível, quem arcará com o montante devido.[8]

Daí as pertinentes colocações de Elizabeth Nazar Carrazza quanto à classificação dos impostos em diretos e indiretos:

"Para não deixar em aberto a questão que por largo espaço de tempo preocupou os teóricos do direito tributário, convém salientar que a classificação dos impostos em diretos e indiretos é desprovida de qualquer conteúdo jurídico. É irrelevante para a relação jurídica tributária saber se o contribuinte que nela fi-

---

fato lícito qualquer que não envolva uma atividade estatal. E, neste caso, para que haja um tratamento isonômico entre aqueles que figurarem como sujeitos passivos dos impostos torna-se necessário que o fato tributável seja passível de dimensão econômica. Veja-se, queremos apenas enfatizar que esta é uma classificação jurídica porque tem como critério a própria norma jurídica — e não o fenômeno da repercussão econômica do fato —, mais precisamente o aspecto material da hipótese de incidência da norma tributária, além de apresentar-se em plena consonância com o sistema constitucional tributário.

8. Paulo de Barros Carvalho, sobre esse dispositivo, comenta: "Redundância tosca, que podemos relevar da parte do político, mas inadmissível quando recebe a chancela descritiva do cientista. A cláusula *sempre que possível* está pressuposta em toda e qualquer regulação da conduta, por um motivo muito simples: as normas jurídicas incidem, exclusivamente, no campo dos comportamentos *possíveis*, representando inusitado absurdo deôntico regular a *conduta necessária* (é *permitido* respirar; é *obrigatório* respirar; ou é *proibido* respirar) ou a *conduta impossível* (é *proibido*, *permitido* ou *obrigatório* ir ao planeta Marte no próximo fim de semana). A região material sobre que incide o Direito para governar as relações de interpessoalidade, orientando-as no caminho da realização dos conteúdos axiológicos que a sociedade persegue, é uma e somente uma: a região da conduta possível. Tanto assim que a supressão radical da cláusula em nada prejudica o produto legislado. Esta é mais uma das múltiplas dissonâncias entre o que diz o editor da norma e o que constitui, de fato, a mensagem que há de ser acolhida pelo receptor ou seu destinatário. Por outro giro: não existe correspondência necessária entre a intenção do legislador e a substância semântica que o intérprete obtém pela verificação das exigências sistêmicas" (in *Curso* ..., p. 132).

gura no pólo passivo é quem suporta o ônus financeiro do pagamento do imposto. Em momento algum o poder público poderá investir contra outra pessoa que não aquela colocada na lei como sujeito passivo. No caso, ele será sempre aquela pessoa que a doutrina tradicional chama de contribuinte de direito.

"A única questão jurídica que aqui se coloca está relacionada com o princípio da igualdade de todos os cidadãos perante o Estado e a lei. Irrelevante, insista-se, a capacidade contributiva do sujeito passivo do tributo."[9]

Agora, sempre que apenas e tão-somente o realizador do fato imponível tenha que cumprir, a final, com sua obrigação tributária, deverá ser necessariamente respeitado o princípio da capacidade contributiva, pois o aspecto material da hipótese de incidência dos impostos é o critério ideal, indicado pelo próprio legislador constituinte, para se auferir a capacidade econômica do sujeito passivo da obrigação tributária.

Por outras palavras, o antecedente da hipótese de incidência dos impostos deve conter a descrição de um fato lícito e genérico qualquer mas que, acima de tudo, revele a capacidade econômica do contribuinte, isto é, daquele que realizou o fato imponível. A materialidade da hipótese de incidência dos impostos deve, pois, necessariamente, traduzir-se num *signo presuntivo de riqueza* (Becker) para que o fato tributável possa realmente proporcionar um tratamento isonômico aos sujeitos passivos da obrigação tributária.

Afinal, vale ressaltar, o princípio da capacidade contributiva deriva do princípio da isonomia e este, por sua vez, do princípio republicano, ambos expressamente acolhidos pelo nosso direito positivo.

Em conclusão, cremos ser despicienda a classificação econômica — portanto, não-jurídica — dos impostos em reais e pessoais. Afinal, como toda e qualquer obrigação — enquanto vínculo jurídico entre pessoas, e não entre pessoas e coisas —, os impostos têm sempre e impreterivelmente natureza pessoal.

Mas, ainda que acatássemos referida distinção e situássemos o IPTU como um imposto de caráter real, o princípio da capacidade contributiva, sem dúvida alguma, deveria ser observado, pois trata-se de imposto incidente sobre a propriedade

---

9. In *IPTU e progressividade – Igualdade e capacidade contributiva*, pp. 59 e 60.

imobiliária — signo incontestavelmente presuntivo de riqueza —, tendo como sujeito passivo o próprio realizador do fato imponível.

Interpretação contrária, segundo nosso pensar, colidiria frontalmente com o princípio da isonomia, incisivamente consagrado pelo legislador constituinte, bem como com a própria razão de ser da tradicional e útil classificação jurídica dos tributos em vinculados e não-vinculados.

1.3 Competência e autonomia política dos Municípios

Pertencendo o IPTU à esfera da competência municipal, convém discorrer um pouco sobre a competência e a autonomia política do Município na esteira do nosso direito positivo.[10]

Na verdade, assim o fazendo, buscamos apenas preparar o terreno para que nos capítulos próprios possamos embasar nosso posicionamento a respeito, dentre outras, das seguintes indagações:

— A quem compete destrinçar a hipótese de incidência do imposto em comento: lei municipal ou lei complementar?

— Em quaisquer dessas hipóteses, poderia o legislador infraconstitucional estabelecer como hipótese de incidência o domínio útil ou a posse, tendo em vista ter-se referido o constituinte apenas à propriedade?

— Não haveria, neste caso, um alargamento de competência legislativa?

É polêmica a discussão doutrinária quanto à questão de saber se o Município integra ou não a Federação brasileira, uma vez que não tem representação no Poder Central.

José Afonso da Silva[11] ensina-nos que na maioria das Federações, como é o caso do Brasil, o poder governamental distri-

---

10. Apenas de passagem, vejamos o que nos recorda Pinto Ferreira: "A origem do Município data da antiga Roma. Na França tem o nome de *comuna*; na Inglaterra e nos EUA, a designação de condado (*county*) e burgo (*borough*). No Brasil, a organização municipal resultou da imitação do regime municipal português, regido na época pelas Ordenações Manuelinas de 1521. Mas foram as Ordenações Filipinas (1603) que realmente estabeleceram de modo definitivo o regime municipal" (cf. *Comentários à Constituição brasileira*, p. 190).

11. In *Curso de direito constitucional positivo*, p. 621.

bui-se em duas órbitas de governo — a União e os Estados Federados. O sistema constitucional brasileiro, todavia, eleva o Município à categoria de entidade autônoma, ou seja, com capacidade de auto-organização e com competências próprias.[12] Assim, na realidade, o Estado brasileiro apresenta três esferas de governo, além do Distrito Federal.

Doutrina, outrossim, Lucia Valle Figueiredo que a Federação brasileira apresenta, concomitantemente, *particularidade* e *anomalia*. Aquela revela-se pela inclusão do Município na Federação. Já a anomalia verifica-se pelo fato de o Município não ter representação no Poder Central. É dizer, a Câmara dos Deputados compõe-se de representantes do povo, eleitos proporcionalmente em cada Estado, e o Senado por representantes dos Estados e do Distrito Federal.[13]

Também pensamos nós que o Município realmente integra a Federação. Com efeito, sabe-se que toda Federação pressupõe a presença de certos requisitos essenciais para que possa constituir-se, tais como a presença de *no mínimo* duas ordens jurídicas: uma central, outra parcial. Satisfeitos tais pressupostos, nada impede que cada Federação apresente características próprias, como a inclusão de outro ente federativo, ainda que não tenha representação no Senado. É o caso da República Federativa do Brasil, que, consoante determina o art. 1º da Lei Maior, é formada pela união indissolúvel dos Estados e *Municípios* e do Distrito Federal. Demais disso, para roborar essa tese há de se ressaltar que o Município dispõe de *competência e autonomia política* para tratar de assuntos que dizem respeito a seus interesses locais.

Tornando ao nosso rumo e, agora, no tocante à competência legislativa, explicita Tércio Sampaio Ferraz Jr. que se trata de "uma forma de poder jurídico, isto é, de exercício impositivo de comportamentos e relação de autoridade regulado por normas. Enquanto poder jurídico, competência pode ser entendida, especificamente, como capacidade juridicamente estabelecida de

---

12. Doutra parte, sustenta Sahid Maluf: "Os Municípios, no Brasil, não fazem parte da estrutura do sistema federal, mas são entidades político-administrativas relativamente autônomas, resultantes de um regime administrativo tradicionalmente descentralizado, e têm essa autonomia assegurada na própria Constituição Federal" (cf. *Direito Constitucional*, p. 153).

13. Cf. "Competências administrativas dos Estados e Municípios – Licitações", in *RTDP* 8/25.

criar normas jurídicas (ou efeitos jurídicos) por meio e de acordo com certos enunciados".[14]

A competência tributária constitucionalmente atribuída aos Municípios tem como fundamento a autonomia municipal, assegurada pelo disposto nos arts. 18, 29 e 30 da Constituição de 1988. De sua vez, deriva a autonomia municipal do princípio da isonomia das pessoas políticas de direito público.

A respeito deste último princípio assinala José Souto Maior Borges que não há desníveis hierárquicos entre as pessoas constitucionais.

Demais disso, infere o susocitado autor que, tendo em conta que o Estado está ao lado e não abaixo da União, que o Município — enquanto entidade intra-estatal rígida, como o próprio Estado-membro — está dentro e não abaixo do Estado, não há de se falar, juridicamente, em níveis de governo.

De fato, a própria autonomia municipal, tal como concebida e estruturada constitucionalmente, enseja a atuação interna desse princípio em identidade de regime jurídico-constitucional para todos os Municípios do território nacional, bem como em isonomia normativa entre Municípios acentuadamente diversificados pelas peculiaridades sócio-econômicas.[15]

Carlos Ari Sundfeld, outrossim, com precisão e clareza, sintetiza que o Estado brasileiro, sendo Federal, tem suas atribuições, tanto legislativas como administrativas, descentralizadas entre as várias pessoas políticas — União, Estados-membros, Distrito Federal e Municípios —, de forma que, sob o prisma jurídico, impera entre as pessoas políticas absoluta igualdade, pois todas são *criaturas da Constituição*, que a cada qual atribuiu uma esfera irredutível e impenetrável de competências, para que

---

14. "Competência tributária municipal", in *Direito tributário atual* 11-12/ 3.068.

15. In *Lei complementar tributária*, pp. 11 e 12. Essa autonomia — ensina Sahid Maluf — "se resume na prerrogativa de eleger o prefeito e os vereadores. Decorre, tal prerrogativa, da soberania popular, que não poderia deixar de manifestar-se de maneira particular no âmbito municipal.

"(...) Os Municípios são entidades necessariamente políticas. Seus órgãos diretivos emanam da vontade política da população local. (...). Desde que os Municípios tenham a sua *direção própria* e exerçam as suas funções legislativas, não há como negar o fato de serem eles entidades politicamente autônomas, embora muito restritamente" (cf. *Direito constitucional*, p. 157).

pudessem vir a ser exercidas com toda independência. A União — frisa o autor — não desfruta de maior importância ou de superioridade hierárquica em relação aos Estados e Municípios, nem estes entre si.[16]

Alfredo Augusto Becker, no que tange à autonomia municipal, de seu turno, ensina-nos: "O verdadeiro e genuíno sentido da expressão 'autonomia' é o poder (capacidade de agir) de o ser social impor uma disciplina aos indivíduos (que o estão, continuamente, criando) e a si próprio numa autolimitação. Este é o genuíno conteúdo *jurídico* da expressão 'autonomia', conforme demonstra Francesco Calasso, professor de História do Direito, na Universidade de Roma, em belíssima exposição, concluindo que a expressão 'autonomia', concebida no seu verdadeiro sentido jurídico, é o mais fundamental princípio da fenomenologia do Direito, porque designa a capacidade de criar o direito positivo".[17]

Observe-se ainda, como bem realça Tércio Sampaio Ferraz Jr., que "a autonomia municipal, sede de competência tributária, resulta de atribuições constitucionais (via normas de competência) que outorgam ao Município capacidade de auto-organização (lei orgânica), de autogoverno (eletividade do Executivo e Câmara), de poder heterônomo (elaboração de leis municipais ou capacidade normativa) e de auto-administração (capacidade de instituição de tributos, arrecadação e aplicação: autonomia financeira)".[18]

Vale também ter em conta que a autonomia política municipal — enquanto capacidade atribuída a determinados entes de legislarem sobre negócios seus, por meio de autoridades próprias — está presente, no Brasil, antes mesmo da autonomia dos Estados federados. Aliás, era uma realidade natural, antes de a Constituição do Império ter conferido autonomia política aos Municípios.

Com efeito, o Município goza de autonomia política tanto quanto os Estados-membros e a própria União. A Constituição Federal vigente atribuiu aos Municípios esses elementos definidores da autonomia política municipal, como se pode inferir da

---

16. In *Fundamentos de direito público*, p. 171.
17. In *Teoria geral* ..., p. 28.
18. In *Competência* ..., p. 3.075.

leitura do art. 29 (lei orgânica) e incisos I e II (autoridades próprias), bem como do art. 30 e seus incisos (assuntos de interesse local).[19]

E — vale insistir — no campo da instituição, da majoração e da arrecadação dos tributos de competência municipal, assim como nos demais, não pode haver prevalência da lei federal ou estadual sobre lei municipal, pois cada qual deve atuar apenas na sua respectiva esfera de competência. Os níveis hierárquicos são verificáveis apenas em confronto com a Lei Maior.[20]

As matérias de competência municipal, expressas e enumeradas nas alíneas do art. 30, II a IX, da Constituição Federal, dizem respeito à instituição e arrecadação dos tributos de sua competência e à aplicação de suas rendas, bem como à organização dos serviços públicos locais — enfim, tudo que disser respeito ao seu interesse local. A identificação do âmbito material referente ao "interesse local", diga-se de passagem, deve ser feita casuisticamente.

Infere-se, precisamente, a competência tributária municipal do inciso III do art. 30 da Constituição de 1988, quando diz que

---

19. Transcrevemos:

"Art. 29. *O Município reger-se-á por lei orgânica*, votada em dois turnos, com o interstício mínimo de dez dias, e aprovada por dois terços dos membros da *Câmara Municipal*, que a promulgará, atendidos os princípios estabelecidos nesta Constituição, na Constituição do respectivo Estado e os seguintes preceitos: (...).

"Art. 30. *Compete aos Municípios*: I — *legislar sobre assuntos de interesse local*; II — suplementar a legislação federal e estadual no que couber; III — *instituir e arrecadar os tributos de sua competência*, bem como aplicar rendas, sem prejuízo da obrigatoriedade de prestar contas e publicar balancetes nos prazos fixados em lei" (grifamos).

20. Quando nos referimos ao Direito como um conjunto de normas postas hierarquicamente queremos enfatizar a hierarquia que há, por exemplo, entre uma instrução regulamentar municipal e um decreto regulamentar municipal; entre este e a lei ordinária municipal e, quando for o caso, entre esta e a lei complementar que também tenha competência para disciplinar o mesmo assunto por meio de normas gerais; e finalmente, entre tal lei complementar e a própria Constituição. Não há, doutra parte, hierarquia, mas sim invasão de competência, se, *v.g.*, um decreto municipal regulamentar lei ordinária federal, distrital ou estadual. Assim, ensina Paulo de Barros Carvalho, "em alguns casos, a lei complementar subordina a lei ordinária, enquanto noutros descabem considerações de supremacia nos níveis do ordenamento, uma vez que tanto as complementares como as ordinárias extratam seu conteúdo diretamente do texto constitucional" (in *Curso* ..., p. 134).

compete aos Municípios "instituir e arrecadar os tributos de sua competência". Trata-se de uma faculdade que lhes foi constitucionalmente concedida para instituir e arrecadar tributos municipais. Mas, vale frisar, não se trata de faculdade de uso incondicionado, devendo, ao revés, ser observadas certas limitações constitucionais.

A propósito, referindo-se à competência tributária municipal, ressalta Tércio Sampaio Ferraz Jr. que "seu poder heterônomo é, constitucionalmente, exclusivo e não pode ser limitado nem pela União, nem por Estados, Distrito Federal ou, obviamente, por outros Municípios, conforme o princípio do destinatário territorial (o sujeito em seu território). O Município, porém, não tem capacidade para legislar sobre normas gerais de direito tributário ainda que de incidência local. Se possível, sua competência, nesse âmbito, seria apenas suplementar, se coubesse, mas nunca concorrente. Ou seja, não lhe cabe legislar sobre normas federais ou estaduais, embora lhe caiba aperfeiçoar, por normas especiais, a generalidade (competência supletiva, mas não concorrente)".[21]

É sensível, no entanto, a parcimoniosidade com que o legislador constituinte delineou o IPTU, limitando-se somente a traçar sua regra-matriz, atribuir competência ao Município para sua instituição e mencionar critérios para fixação de alíquotas.

Realmente. Nos termos da Lei Maior, a regra-matriz do IPTU consiste na circunstância de uma pessoa (física ou jurídica) ser proprietária de imóvel (prédio ou terreno) urbano. De conseguinte, atendidos os parâmetros constitucionais, tudo o mais, como veremos no desenrolar da obra, compete ao legislador municipal.[22]

No que tange à criação de impostos, vale insistir que apenas a União tem competência privativa e exclusiva para sua instituição. Deveras, em face do art. 154, II, da Lei Maior,[23] poderá a

21. In *Competência* ..., p. 3.084.
22. A lume da Constituição de 1946, Pontes de Miranda já dizia: "À semelhança do que se passa com a União e os Estados-membros, os Municípios são competentes, e só eles são competentes, para decretar impostos sobre os atos da sua economia e assuntos de sua competência" (in *Comentários à Constituição de 1946*, v. II/136).
23. A propósito, preleciona Paulo de Barros Carvalho: "Acerca dos que lhe foram entregues, ninguém, a não ser ela — a pessoa política da União —,

União, desde que efetivamente presentes os pressupostos constitucionais, "invadir" a esfera de competência das demais pessoas políticas para criar os chamados impostos extraordinários e, de outro lado, desde que observado o inciso I do citado artigo, instituir os impostos residuais da União.

Desta forma, a instituição ou majoração do IPTU, em geral, compete ao legislador municipal, e excepcionalmente à União.

Por último, cumpre ressaltar uma das características da competência tributária, qual seja, sua inalterabilidade. Para tanto, vejamos o que leciona Roque Antonio Carrazza:

"A competência tributária é improrrogável, vale dizer, não pode ter suas dimensões ampliadas pela própria pessoa política que a detém. Falta-lhe titulação jurídica para isto.

"O que as pessoas políticas podem fazer, sim, é utilizar, em toda a latitude, as competências tributárias que receberam da Constituição. Só ela, porém, é que, eventualmente, pode ampliá-las (ou restringi-las). Esta é, pois, uma matéria *sob reserva de emenda constitucional*.

"Se, porventura, uma pessoa política pretender, por meio de norma legal ou infralegal, dilatar as raias de sua competência tributária, de duas, uma: ou esta norma invadirá seara imune à tributação ou vulnerará competência tributária alheia. Em ambos os casos será inconstitucional."[24]

Esse entendimento encontra-se sufragado por parte autorizada da doutrina brasileira — Geraldo Ataliba, Souto Maior Borges, Paulo de Barros Carvalho — cujas ensinanças encontram sustentáculo no princípio do federalismo. Com efeito, sendo a

---

poderá legislar, seja em termos regulares, especiais ou excepcionais. A advertência mantém acesa a tese de que impostos privativos e exclusivos são apenas os federais" (in *Curso* ..., p. 144).

24. In *Curso de direito constitucional tributário*, pp. 392 e 393. Antônio José da Costa, a propósito, assim verberou:

"(...) a competência para tributar é um instrumental da autonomia do Município, pois que, sem autonomia financeira, não há como se falar em autonomia política e administrativa.

"Por outro lado, seria, na verdade, ilógico e absurdo que a Constituição tivesse conferido autonomia aos Municípios, tributos privados e competência plena para instituí-los e regulá-los e, ao mesmo tempo, através de leis complementares, conferisse ao Congresso Nacional poderes para limitar, arbitrariamente, as competências outorgadas" (in *Da regra-padrão de incidência do Imposto sobre a Propriedade Predial e Territorial Urbana*, p. 15).

atribuição de competências tarefa indelegável do legislador constituinte, resta plenamente vedada qualquer atividade infralegal no sentido de alterar a competência prevista na Lei Maior.

Assim, compreende-se que seja esta a razão pela qual os ilustres juristas acima destacados conferem legitimidade ao Código Tributário Nacional apenas e na medida em que verse sobre conflitos de competência ou limitações constitucionais ao poder de tributar.

Aliás, não temos dúvida em perfilhar tais ensinamentos. Com efeito, o festejado Geraldo Ataliba esclareceu bem o papel da lei complementar no tocante à expedição de normas gerais em matéria tributária, amparado numa interpretação sistemática da ordem jurídica.[25]

Ressalta o ilustre mestre o equívoco terminológico muitas vezes incorrido pelo legislador constituinte ao empregar sem maiores cautelas, por exemplo, o termo *lei*, quando quer se referir à *lei federal* ou à *lei complementar*, ou *lei federal* querendo, na verdade, significar lei de âmbito nacional, portanto *lei complementar*. Cabe, pois, ao cultor do Direito ficar atento a esses descuidos legislativos, zelando pela fiel e escorreita interpretação das normas jurídicas.

Todavia, há de se aclarar que diversa é a posição da maior parte dos juristas brasileiros, bem como da jurisprudência nacional, para os quais deve-se atribuir validade ao Código Tributário Nacional em toda sua extensão.

Por tais razões, faremos referência, sempre que oportuno, aos dispositivos do Código Tributário Nacional, salientando nossa posição de como cada comando normativo deve ser recepcionado — como lei complementar, portanto de âmbito nacional, ou como lei ordinária federal, e, de conseguinte, restrita à esfera da União —, fazendo as críticas pertinentes. Outras vezes, as referências que fizermos a tais dispositivos visarão apenas a angariar os respectivos comentários dos autores que cuidaram do assunto e que serão úteis ao desenvolvimento do tema.

E, para roborar essas idéias, leciona Souto Maior Borges que as normas resultantes da autonomia municipal, principalmente

---

25. Tais lições encontram-se resumidamente expostas em belo trabalho publicado na *RDP* 10/45-85, intitulado "Normas gerais de direito financeiro e tributário e autonomia dos Estados e Municípios".

na esfera tributária, não podem estar condicionadas à prévia legislação alheia.

Assim, por exemplo, não poderia estar subordinada à legislação tributária de outra pessoa política a competência tributária privativa do Município para a instituição do IPTU, isto porque — explicita o autor — privativo "é o regime constitucional de quem está só e não concorre com ninguém na estruturação dos seus tributos. Autônomo, como o revela admiravelmente a sua etimologia (do grego: *autós*, próprio, de si mesmo; *nomos*: lei, norma), é o regime de quem se governa pela sua própria legalidade e não se rege conseqüentemente pela legalidade de outrem. Nem mesmo a lei complementar do art. 146 é condicionante para a instituição de tributos municipais. No passado recente houve quem o pretendesse, contra a Constituição".[26]

Tornando ao nosso rumo, cumpre agora assinalar que o imposto incidente sobre a propriedade territorial urbana está previsto no art. 156, II, do Texto Maior e, também, no art. 32 do Código Tributário Nacional. Saliente-se que o Código Tributário Nacional captou bem a mensagem constitucional ao explicitar que, além da propriedade propriamente dita, incide o IPTU também sobre o domínio útil e a posse.

Permitimo-nos, desde já, transcrever os citados dispositivos, uma vez que a eles nos reportaremos com muita freqüência nos próximos capítulos.

Por primeiro, vejamos o art. 156, II, do Texto Maior: "Art. 156. Compete aos *Municípios* instituir *impostos* sobre: I — *propriedade predial e territorial urbana*; (...)" (grifamos).

Já o art. 32 do Código Tributário Nacional brasileiro preceitua: "Art. 32. O imposto, de competência dos Municípios, sobre a propriedade predial e territorial urbana tem como fato gerador a *propriedade*, o *domínio útil ou a posse* de bem imóvel por natureza ou por acessão física, como definido na lei civil, localizado na zona urbana do Município" (grifamos).

Veremos mais à frente que não cabe à lei complementar enfatizar o campo de abrangência do IPTU, mas tão-somente ao legislador municipal, e, desta forma, por não versar tal dispositivo sobre conflitos de competência, trata-se, a rigor, de lei ordinária federal invasora de seara alheia.

---

26. In *RDTributário* 59/75.

Também cumpre, neste passo, observar que o IPTU encontra-se acolhido pelo nosso ordenamento jurídico desde D. João VI, por alvará de junho de 1808.

Hugo de Brito Machado, a propósito, laborou oportuna digressão:

"(...) Embora existam referências doutrinárias a esse imposto como sendo velho na competência dos Municípios, o certo é que a Constituição de 1891 o situava na competência dos Estados (art. 9º, item 2º). A Constituição de 1934, todavia, colocou na competência dos Municípios o Imposto Predial, que arrolou juntamente com o Territorial Urbano, considerando-os dois impostos diferentes e determinando que o primeiro fosse cobrado sob a forma de décima ou cédula de renda (art. 13, § 2º, II).

"Na Constituição de 1937 também foi feita distinção entre Imposto *Predial* e *Territorial*. Aos Estados foi atribuído o Imposto sobre a Propriedade Territorial, exceto a urbana (art. 23, inciso I, letra 'a'). Já aos Municípios foi atribuída competência para instituir o Imposto Predial e o Territorial urbanos (art. 24, inciso II).

"A partir da Constituição de 1946 parece ter havido uma unificação desses impostos, que passaram a integrar um só, com o nome de Imposto Predial e Territorial Urbano (art. 29, inciso I), da competência dos Municípios".[27]

De conseguinte, apoiados nas afirmações acima expostas, podemos alinhavar, sinteticamente, nossa posição sobre alguns pontos, ora relevantes.

Consoante o mandamento constitucional disposto no art. 156, II, compete aos próprios Municípios detalhar todos os aspectos da hipótese de incidência do IPTU, ou seja: a lei constitucional atribui à lei municipal a tarefa de instituir — dentro de certos limites — o IPTU.

Tal assertiva implica afirmar que, a rigor, não deveria lei complementar imiscuir-se em assuntos que, por determinação constitucional, não lhe dizem respeito. Considerando-se, no entanto,

---

27. In *Curso de direito tributário*, p. 361.

"A imunidade de que goza determinada entidade de assistência social não se estende a imóvel pela mesma locado, quando do respectivo contrato conste caber ao locatário a obrigação do pagamento do tributo. Recurso provido." (STJ, 1ª T., REsp 2.268, rel. Min. Armando Rolemberg, v.u., *DJU* 6.8.90, p. 7.321).

que o Código Tributário Nacional é anterior à Constituição Federal de 1988, cumpre apenas verificar quais de seus preceitos poderiam ser recepcionados, quer como lei complementar, quer como lei ordinária federal.

Desde já, porém, podemos adiantar nosso entendimento — fundamentado no capítulo em que cuidamos do aspecto material da hipótese de incidência do IPTU —, segundo o qual apresenta-se o art. 32, ressalvas à parte, em conformidade com os ditames constitucionais em vigor. Noutro dizer: não vemos inconstitucionalidade na inclusão do domínio útil e da posse para efeitos de tributação via IPTU.

2
ASPECTO ESPACIAL
DA HIPÓTESE DE INCIDÊNCIA DO IPTU

2.1 *Lei n. 4.504, de 30 de novembro de 1964.* 2.2 *Lei n. 5.172, de 25 de outubro de 1966 (CTN).* 2.3 *Decreto-lei n. 57, de 18 de novembro de 1966.* 2.4 *Lei n. 5.868, de 12 de dezembro de 1972.* 2.5 *Síntese.* 2.6 *Controvérsias doutrinárias.* 2.7 *Comentários.*

De início, cumpre ressaltar a distinção ontológica que se faz presente entre o aspecto espacial da hipótese de incidência e a esfera de eficácia da lei tributária.

É dizer: o aspecto espacial da hipótese de incidência tributária nem sempre coincide com o âmbito territorial de vigência da lei, podendo referir-se a um local específico (*v.g.*, imposto de importação) ou a uma determinada área.

Exemplo deste último caso é a norma jurídica do IPTU, que incide apenas dentro da área considerada urbana, não obstante tenha a lei municipal eficácia em todo o território do Município, compreendendo este tanto a zona urbana quanto a rural.[1]

Resta, agora, indagar sobre quem teria competência legislativa para delimitar a zona urbana — diga-se de passagem, dentro dos ditames constitucionais, portanto não discricionariamente — para fins de IPTU, ou seja, para que se possa estipular quais imóveis ficarão sujeitos ao imposto em comento.

Vejamos, por primeiro, a legislação existente sobre a matéria.

2.1 *Lei n. 4.504, de 30 de novembro de 1964*

A Lei ordinária federal n. 4.504/64 — que dispõe sobre o Estatuto da Terra e dá outras providências —, em seu art. 4º, I, im-

---

1. V. Paulo de Barros Carvalho, in *Curso...*, pp. 169 e ss.

põe o *critério da destinação* do imóvel para desvendar sua natureza urbana ou rural, quando conceitua imóvel rural como sendo o prédio rústico de área contínua, *qualquer que seja a sua localização, que se destine à exploração extrativa agrícola, pecuária ou agroindustrial*, quer através de planos públicos de valorização, quer através de iniciativa privada.

Não importa, pois, a localização do imóvel, ou seja, o local em que esteja situado — área rural ou área urbana —, para sua caracterização como urbano.

Interessa apenas o destino que será dado à propriedade imobiliária. Este seria o critério legal para distinguir a área urbana da área rural, para fins de IPTU e ITR.

Mas, como veremos a seguir, diferem-se as disposições da referida lei ordinária federal das disposições trazidas pelo Código Tributário Nacional.

2.2 Lei n. 5.172, de 25 de outubro de 1966 (CTN)

O art. 29 do Código Tributário Nacional — na ocasião, também lei ordinária federal —, abandonando o critério da destinação, acima referido, dispõe que a natureza do imóvel — rural ou urbana — será apurada conforme sua *localização*. É o que se pode inferir do mencionado dispositivo: "Art. 29. O imposto, de competência da União, sobre a propriedade territorial *rural* tem como fato gerador a propriedade, o domínio útil ou a posse de imóvel por natureza, como definido na lei civil, *localizado fora da zona urbana do Município*" (grifamos).

Noutro dizer: estará sujeito ao pagamento de Imposto Territorial Rural (ITR) o proprietário de imóvel localizado fora da zona urbana. Isto implica afirmar que o IPTU incide apenas sobre a propriedade de imóveis localizados dentro da zona urbana.

O art. 32 do Código Tributário Nacional diz, ainda, que *compete ao Município definir zona urbana*, devendo, para tanto, levar em consideração pelo menos dois dos *requisitos* enumerados em seu § 1º. Traga-se, por oportuno, a transcrição dos §§ 1º e 2º do citado artigo:

"Art. 32. (...).

"§ 1º. Para os efeitos deste imposto, *entende-se como zona urbana a definida em lei municipal, observado o requisito mínimo da existência de melhoramentos indicados em pelo menos dois dos incisos seguintes*, construídos ou mantidos pelo Poder Público:

"I — meio-fio ou calçamento, com canalização de águas pluviais;
"II — abastecimento de água;
"III — sistema de esgotos sanitários;
"IV — rede de iluminação pública, com ou sem posteamento para distribuição domiciliar;
"V — escola primária ou posto de saúde a uma distância máxima de 3 (três) quilômetros do imóvel considerado.

"§ 2º. A lei municipal pode considerar urbanas as áreas urbanizáveis, ou de expansão urbana, constantes de loteamentos aprovados pelos órgãos competentes, destinados à habitação, à indústria ou ao comércio, mesmo que localizados fora das zonas definidas nos termos do parágrafo anterior" (grifou-se).

Como se pode observar, foram, *grosso modo*, dois os critérios acolhidos pelo Código Tributário Nacional: o da *localização* do imóvel (art. 29, *caput*) e o da sua *situação*. Este, de sua vez, desmembra-se no critério de *equipamentos urbanos* (art. 32, § 1º) e no da *equiparação* (art. 32, § 2º).

Frise-se: o Código Tributário Nacional, descendo a minúcias, também prevê no parágrafo seguinte (§ 2º do art. 32) o que Aires Fernandino Barreto designa de *zona urbana por equiparação*, uma vez que tal dispositivo considera também urbanas as áreas urbanizáveis ou de expansão urbana, constantes de loteamentos devidamente aprovados pelo órgão municipal competente, destinados à habitação, à indústria e ao comércio.

Pelo que já se pode depreender do que acabamos de expor, o Código Tributário Nacional estipulou, inclusive, as possíveis situações em que o imóvel poderia se encontrar para rotulá-lo de rural ou urbano. Esses detalhes, consoante veremos mais à frente, refogem da alçada da lei complementar, ou, dito de outro modo, são critérios aceitáveis se estabelecidos unicamente pelo legislador municipal, já que somente a ele, atendendo às peculiaridades de seu Município, compete fornecer os critérios ensejadores da delimitação do perímetro urbano.

2.3 Decreto-lei n. 57, de 18 de novembro de 1966

Infere-se do disposto no Decreto-lei n. 57/66 que o IPTU incidirá sobre a propriedade, o domínio útil ou posse de bem imóvel por natureza ou acessão física, *desde que destinado a fins não rurais,* qualquer que seja a sua localização.

Com efeito, assim dispõem os arts. 14, 15 (revogados pela Lei n. 5.868/72, comentada a seguir) e 16 do Decreto-lei n. 57/66:

"Art. 14. O disposto no *art. 29* da Lei n. 5.172, de 25 de outubro de 1966, *não* abrange o imóvel que, comprovadamente, seja *utilizado como 'sítio de recreio'* e no qual a eventual *produção não se destine ao comércio,* incidindo assim, sobre o mesmo, o Imposto sobre a Propriedade Predial e Territorial Urbana, a que se refere o art. 32 da mesma Lei" (grifou-se).

"Art. 15. O disposto no *art. 32* da Lei n. 5.172, de 25 de outubro de 1966, *não* abrange o imóvel que, comprovadamente, seja *utilizado em exploração extrativa vegetal, agrícola, pecuária ou agroindustrial,* incidindo assim, sobre o mesmo, o ITR e demais tributos com o mesmo cobrados" (grifou-se).

"Art. 16. Os loteamentos das áreas situadas fora da zona urbana, referidos no § 2º do art. 32 da Lei n. 5.172, de 25 de outubro de 1966, só serão permitidos quando atendido o disposto no art. 61 da Lei n. 4.504, de 30 de novembro de 1964."

Assim, desde que sua produção não se destine ao comércio, o imóvel utilizado como sítio de recreio — portanto, localizado na zona rural — está sujeito à incidência do IPTU e não à do ITR. Doutra parte, incide este último imposto sobre imóvel localizado na zona urbana, desde que sujeito à exploração extrativa vegetal, agrícola, pecuária ou agroindustrial.

O critério aqui adotado voltou a ser apenas e tão-somente o da *destinação* do imóvel, independentemente de sua localização, tal como o fizera a Lei n. 4.504/64.

2.4 Lei n. 5.868, de 12 de dezembro de 1972

A Lei ordinária federal n. 5.868, de 12.12.72, que instituiu o Sistema Nacional de Cadastro Rural, alterou o critério da *situação* do imóvel previsto pelo Código Tributário Nacional (art. 32), bem como o critério exclusivo da *destinação* do imóvel, na forma adotada pelo Decreto-lei n. 57, de 18.11.66 (arts. 14 e 15), para acolher não apenas o critério da *destinação* do imóvel, na forma por ele explicitada, mas também o da *situação* do imóvel. Vejamos o que dispõe seu art. 6º:

"Art. 6º. Para fim de incidência do Imposto sobre a Propriedade Territorial Rural, a que se refere o art. 29 da Lei n. 5.172, de 25 de outubro de 1966, considera-se imóvel rural aquele que se *destinar* à exploração agrícola, pecuária, extrativa vegetal ou agroindustrial *e que, independentemente de sua localização, tiver área superior a 1 (um) hectare.*

"Parágrafo único. Os imóveis que não se enquadrem no disposto neste artigo, *independentemente de sua localização*, estão sujeitos ao Imposto sobre a Propriedade Predial e Territorial Urbana, a que se refere o art. 32 da Lei n. 5.172, de 25 de outubro de 1966" (grifou-se).

O critério da *situação*, aqui mencionado, tem em consideração o *tamanho do imóvel*, isto é, sua extensão. Assim, sendo sua área inferior a 1 (um) hectare, nos termos desta lei ordinária federal, o imóvel estará sujeito à incidência do IPTU, e, por extensão, será tido como imóvel urbano.

2.5 Síntese

Vejamos, em síntese, o que foi exposto nos tópicos anteriores.

A Lei n. 4.504/64 estabeleceu o critério da destinação do imóvel, somente. O Código Tributário Nacional, então lei ordinária federal, fixou o critério da localização, o da situação do imóvel (equipamentos urbanos) e o da equiparação (loteamentos). O Decreto-lei n. 57/66 trouxe novamente apenas o critério da destinação e a Lei n. 5.868/72 manteve o critério da destinação e acrescentou o da situação do imóvel (tamanho da área).

2.6 Controvérsias doutrinárias

Como vimos, a matéria que ora estamos tratando — qual seja, a referente à delimitação da zona urbana e rural — foi disciplinada por diversas espécies de instrumentos normativos, tais como lei complementar, lei ordinária federal, decreto-lei. De conseguinte, várias indagações de ordem doutrinária poderiam — e muitas o foram — ser suscitadas.

A primeira delas seria sobre qual o instrumento normativo adequado para veicular disposições sobre definição de área urbana e rural: lei municipal e federal, respectivamente, ou, lei complementar, apenas. Em outras palavras: é matéria de lei complementar conceituar o que seja imóvel urbano ou rural, como norma que procura evitar conflito de competência? Ou, diversamente, deve-se reservar apenas e tão-somente ao legislador municipal a competência para estabelecer o que se entende por zona urbana, para fins de IPTU, e à União o que se entende por imóvel rural, para fins de ITR?

Roque Antonio Carrazza, curvando-se ao princípio da autonomia municipal, sustenta que zona urbana é aquela que o próprio Município, por meio de lei emanada da Câmara dos Vereadores e observando as peculiaridades locais, assim considera.

Nessa linha de raciocínio, zona urbana não é a que está situada em determinada região, nem em região que tenha tais ou quais características, por exemplo, previstas em lei complementar. É aquela que o próprio Município considera, de acordo com as leis locais, urbana. Eventuais abusos poderão ser anulados pelo Poder Judiciário mediante provocação da parte interessada, isto é, da União ou de qualquer contribuinte prejudicado.

Por outro lado, poderia o Código Tributário Nacional — à época, lei ordinária federal — ser revogado via decreto-lei, hipótese de que aqui estamos cuidando?

Em face do disposto no art. 14 do Decreto-lei n. 57/66, por exemplo, a doutrina dominante naquela ocasião e o próprio Poder Judiciário entendiam que sim, o Código Tributário Nacional poderia ser revogado por meio de decreto-lei.

Não obstante, embora aceitassem que o Decreto-lei n. 406 disciplinasse sobre o ICM e o ISS, bem como que o Decreto-lei n. 57 dispusesse sobre a instituição de contribuição de melhoria, ignoraram a existência deste último veículo normativo na parte em que alterava os arts. 29 e 32 do Código Tributário Nacional — o qual, vale ressaltar, ainda não tinha *status* de lei complementar.

E, como já tivemos oportunidade de mencionar, o aludido Decreto-lei n. 57/66, nessa passagem, alterava em parte o Código Tributário Nacional ao acolher o *critério da destinação do imóvel* — o mesmo empregado pela lei civil para distinguir imóvel urbano de imóvel rural —, abandonando o *critério da situação do imóvel (equipamentos urbanos)*, que o Código Tributário Nacional adotara.[2]

---

2. A título de curiosidade, vale lembrar que o IPTU tem origem lusitana, e lá no direito português também se acolhe o critério da destinação.

Doutra parte, observando os mandamentos normativos da Lei n. 5.868/72, constata-se, aqui, num súbito de vista, que lei ordinária revogou mandamentos de lei complementar, o que já era vedado pelo § 1º do art. 18 da Emenda n. 1/69.[3]

E mais: ao determinar a incidência do IPTU aos imóveis que não se enquadrassem no parâmetro traçado pelo *caput* do referido artigo, ou seja, que tivessem área inferior a 1 (um) hectare, invadiu a esfera de competência municipal.

Heron Arzúa, analisando a questão, assim asseverou: "Como fica pois, a questão de uma lei ordinária federal dispor de matéria reservada à competência de lei complementar? De outro lado, pergunta-se se é legítima a revogação perpetrada pela Lei 5.868".

Em seguida, disse o autor:

"Inobstante as divergências dos juristas quanto aos fundamentos da resposta, esta tem sido uníssona: a lei ordinária anterior, que dispõe de matéria hoje de atribuição de lei complementar, só pode ser revogada por lei dessa natureza. Quer pelo argumento de que a lei ordinária anterior foi convertida, *ratione materiae*, pela Constituição, em lei complementar, só podendo daí ser revogada por lei complementar (opinião de Baleeiro e Geraldo Ataliba), quer sob a tese de que ocorre, em verdade, a modificação do *regime jurídico do ato de revogação* (pensamento de Souto Maior Borges), não se legitima revogação de lei ordinária anterior, cujo conteúdo, no regime constitucional vigente, é de lei complementar, por lei ordinária.

"(...).

"Numa palavra, aplicando os ensinamentos doutrinários ao caso posto ao deslinde, pode-se concluir: a) os arts. 14 e 15 do Decreto-lei 57/66 continuam válidos e com eficácia dentro do ordenamento jurídico; b) o art. 6º, e seu parágrafo único, da Lei 5.868, de 1972, não tem validade; a norma, embora criada pelo órgão jurídico competente, não observou o devido processo constitucional."[4]

---

3. A propósito, já observava o mestre Aliomar Baleeiro que "o art. 18, § 1º, da Emenda 1/69 reserva à lei complementar as normas gerais de direito tributário, cabendo à lei ordinária as demais normas gerais de direito financeiro. É objetável, pois, a modificação do CTN por leis ordinárias, como a de n. 5.868" (in *Direito tributário brasileiro*, p. 154).

4. In *RDTributário* 9-10/340.

Segundo o citado autor, o Código Tributário Nacional teria sido revogado pelo Decreto n. 57/66. Este passou a ter natureza de lei complementar a partir da Emenda Constitucional n. 1/69 e, desta forma, não poderia ter sido revogado pela Lei n. 5.868/72, isto é, por lei de hierarquia inferior.

Lembra Aires Fernandino Barreto que a Suprema Corte, num primeiro momento, declarou a inconstitucionalidade do art. 6º e seu parágrafo único da Lei n. 5.868/72, para, logo após — decorridos seis meses e depois de já ter sido baixada a Resolução do Senado —, reconhecer a constitucionalidade de ambos, isto é, do *caput* e de seu respectivo parágrafo.[5]

Posteriormente, atentando-se ao problema da delimitação da zona urbana, assim posicionou-se Hugo de Brito Machado: "Na verdade, essa limitação implica disciplinar a própria discriminação de competências tributárias. Por isto, entendemos não ser legítima a alteração feita pelo Decreto-lei n. 57, de 18.11.66, e pela Lei n. 5.868, de 12.12.72, que modificou o mencionado decreto-lei. Em se tratando de disciplinar conflitos de competência tributária, o instrumento hábil é a *lei complementar*. Já na vigência da Constituição anterior era assim, por força de seu art. 18, § 1º, e continua sendo assim atualmente, por força do estipulado no art. 146, inciso I, da Constituição Federal de 1988".[6]

Atualmente há a seguinte Súmula do Tribunal de Alçada de São Paulo: "31. São inconstitucionais o art. 12 da Lei federal n. 5.868/72 e o § 4º do art. 27 da Lei municipal n. 1.444/66, nela inserido pelo art. 1º da Lei municipal n. 2.200/83, ambas do Município de Sorocaba" (Pleno, Incidente de Declaração de Inconstitucionalidade na Ap. 380.210, Sorocaba, rel. Juiz Donaldo Armelin, j. 19.10.89, m.v., *JTA* 124/9).

A doutrina majoritária, todavia, sustenta que zona urbana é a que preenche certos requisitos, isto é, a definida pelo Município na forma determinada pelo disposto nos §§ 1º e 2º do art. 32 do Código Tributário Nacional.

De conseguinte, para a doutrina tradicional zona urbana é a que possui, por exemplo, sistema de esgotos sanitários e abastecimento de água.

5. Cf. "Impostos sobre a propriedade imobiliária", *RDTributário* 58/234.
6. In *Curso* ..., p. 363.

Dentre os autores que perfilham esse entendimento encontra-se Aires Fernandino Barreto, segundo quem deflui do § 1º do susocitado artigo a necessidade de pelo menos dois melhoramentos para que determinado núcleo possa ser considerado área urbana. Trata-se de um *critério de equipamentos* urbanos, onde, inexistindo pelo menos dois melhoramentos públicos, ter-se-á, em princípio, zona rural. E, diversamente, como vimos, para Roque Antonio Carrazza consideram-se áreas urbanas até mesmo as que não possuem melhoramentos, desde que a lei municipal assim as intitule.

Outra corrente doutrinária, no entanto, sustenta posição pela qual urbano é o imóvel que tem destinação urbana, e rural o que tem destinação rural, ainda que esteja localizado no centro da zona urbana do Município.

Geraldo Ataliba, a propósito, insurgindo-se contra esse critério, observa que, se amanhã alguém plantasse cebolas num apartamento de cobertura na avenida Paulista, esse imóvel tornar-se-ia rural. Completando seu raciocínio, adverte Roque Antonio Carrazza que a competência legislativa, no caso municipal, não pode oscilar ao sabor da vontade dos contribuintes. Diz este renomado autor: "Os limites que a Constituição traçou para que as pessoas políticas tributassem não podem ser deslocados nem pelo Código Tributário Nacional (ou por normas jurídicas que lhe façam as honras), nem por leis ordinárias, decretos, portarias, atos administrativos etc. Por muito maior razão, também a vontade dos virtuais contribuintes não tem como ampliar ou restringir competências tributárias".

E, em nota de rodapé, acrescenta: "Possivelmente sem se darem conta disso, sufragam a errônea idéia de que a vontade do contribuinte pode alterar competências tributárias os que entendem que é a 'destinação' (rural ou urbana) do imóvel que determina a incidência do IPTU (imposto de competência municipal) ou do ITR (imposto de competência federal), não importando se o bem está localizado na zona urbana ou na zona rural do Município. A nosso juízo, se o imóvel está situado na *zona urbana do Município*, o imposto devido, por seu proprietário, é o IPTU; se na *zona rural*, o ITR, absolutamente não importando se sua destinação é urbana ou rural".[7]

---

7. In *Curso ...*, p. 591, nota 167.

Em suma, a questão referente à delimitação do aspecto material da norma instituidora do IPTU dá margens ainda a controvérsias por parte da doutrina e jurisprudência.

2.7 Comentários

Questiona-se, aqui, qual seria a pessoa política competente para definir o aspecto material da hipótese de incidência do IPTU: União ou Município?

As hipóteses possíveis são estas:

1. Compete ao Município definir o que seja zona urbana, assim como compete à União, mediante lei ordinária, definir o que seja zona rural.

2. Compete apenas à União, mediante lei complementar, definir o que seja zona urbana e zona rural.

3. Compete à União, mediante lei complementar, traçar previamente os critérios que devem ser observados para que a União, mediante lei ordinária, e o Município, mediante lei municipal, possam, respectivamente, definir zona rural e urbana.

4. Compete apenas ao Município definir as zonas urbana e rural, não exclusivamente para fins de IPTU e ITR, mas também e principalmente para cumprir seu mister maior de zelar pelo fiel cumprimento da função social da propriedade urbana, vale dizer: por força do art. 182 da Constituição de 1988.

Vejamos, com maior detença, cada hipótese.

1. A União e o Município poderiam livremente definir o aspecto espacial dos impostos de sua competência, ITR e IPTU, em face da autonomia política. Mas, neste caso, muito provavelmente poderiam surgir conflitos de competência.

De fato. Se o Município, no exercício de sua competência legislativa tributária, definisse zona urbana, concomitantemente estaria, por exclusão, definindo zona rural, matéria fora de sua competência. O mesmo ocorreria caso a União, para fins de ITR, definisse zona rural, pois ao mesmo tempo estaria delineando a zona urbana pelo critério da exclusão.

Assim, não cremos seja possível gozarem tais pessoas políticas, para fins exclusivamente de tributação, de ampla autonomia legislativa sem incorrerem em conflito de competência.

2. A segunda hipótese, em face da competência e autonomia legislativa das pessoas políticas de direito público — no caso, a União e o Município —, deve ser prontamente rechaçada.[8]

Ademais, embora perfilhemos o entendimento daqueles que sustentam que a lei complementar somente pode expedir normas jurídicas que disponham sobre conflitos de competência ou regulem as limitações constitucionais ao poder de tributar, ainda assim sustentamos que, no caso em apreço, incabível seria atribuir à lei complementar a tarefa de definir cabalmente o que seja zona urbana e rural a pretexto de prevenir eventuais conflitos de competência, pois, como veremos a seguir, há outras razões jurídicas para roborar entendimento diverso.

3. A terceira hipótese trazida a contexto pareceu-nos ser, num primeiro momento, a mais plausível. Com efeito, a União, mediante lei complementar, limitar-se-ia apenas a traçar o critério necessário a evitar conflito de competência, sem, todavia, tolher o exercício da competência legislativa atribuída à União e ao Município.

Todavia, há de se argumentar inicialmente que o exercício da competência legislativa — quer para a expedição de lei municipal assim como de lei ordinária federal — não poderia estar condicionado à prévia existência de tal lei complementar.

8. V., mais uma vez, as doutas lições de Roque Antonio Carrazza: "Quando obtemperamos que a lei complementar não cria tributos estamos emprestando à assertiva uma conotação singela e própria. Temos para nós que o tributo só está criado a partir do átimo em que uma pessoa (física ou jurídica) pode ser constrangida a pagá-lo, pela só circunstância de haver acontecido, no mundo dos fenômenos naturais, o fato hipoteticamente descrito na norma jurídica tributária. Ora, isto só se verifica subsecutivamente à edição, pela pessoa política competente, de uma lei ordinária que narre tal fato em todos os seus aspectos (material, espacial, temporal e pessoal). Antes, não. Com base apenas em lei complementar ninguém poderá ser obrigado a desembolsar somas de dinheiro (a título de tributo) para o Estado ou para quem lhe faça as vezes (caso de parafiscalidade). Logo, nessa acepção, a lei complementar não cria tributos, assim como a Constituição não cria penas só porque autoriza o legislador a cuidar do assunto" (cf. *O regulamento no direito tributário brasileiro*, p. 84). Mais à frente, acrescenta o autor: "Aliás, segundo supomos, à lei complementar, enquanto tal, não é deferido instituir qualquer tributo, exatamente para que não perigue o princípio federativo, nem se invada o campo de competência dos Municípios. De fato, nossa Carta Magna, além de garantir os direitos individuais, estende seu manto protetor sobre os Estados Federados e os Municípios, uma vez que delimita a órbita de ação desses entes, impedindo que, de um momento para outro, oscile à mercê dos ventos dominantes da política" (pp. 85 e 86).

Demais disso, exsurgiria um novo problema.

Que critérios seriam estes que, sem atropelar as competências atribuídas à União e ao Município para legislarem sobre impostos seus, poderiam dirimir eventuais conflitos de competência?

De plano, asseveramos que os critérios constantes da legislação acima exposta não são os mais adequados.

O mais aceitável poderia ser o da localização — ou, como preferimos, o critério da exclusão —, na forma apresentada pelo Código Tributário Nacional em seu art. 29, ou seja, quando atribui ao Município definir zona urbana e, conseqüentemente, zona rural, já que esta deve ser tida como aquela que se situar fora da zona urbana. Neste caso, porém, sob o pretexto de dirimir eventuais conflitos, estaria, na verdade, atribuindo competência exclusiva ao Município para definir zona urbana e zona rural.

Desta forma, se adotássemos essa terceira posição, cremos que a análise deveria ser feita sempre no caso concreto.

Assim, por exemplo, no caso em apreço, o critério de número de equipamentos urbanos imposto pelo Código Tributário Nacional, na verdade, não nos parece ser o mais razoável para dirimir tais conflitos de competência nesta seara.

Com efeito, os critérios de equipamentos urbanos, da situação ou da destinação do imóvel, seriam eficientes, sim, mas desde que estabelecidos pela própria lei municipal, pois somente cada Município, no exercício da sua competência legislativa para definir a área urbana, teria condições de legislar de acordo com suas peculiaridades locais.

Neste passo, está, na verdade, o Código Tributário Nacional extrapolando sua competência para expedir somente normas jurídicas que disponham sobre conflitos de competência ou regulem as limitações constitucionais ao poder de tributar.

4. A última hipótese, a nosso sentir, parece-nos, realmente, ser a mais razoável, pois deita suas raízes no próprio texto constitucional. Com efeito, é o que se pode inferir das atribuições conferidas pelo legislador constituinte, preponderantemente, ao Município para zelar por uma maior efetividade do princípio da função social da propriedade urbana.

Ora, mera interpretação literal do disposto no art. 182 do texto constitucional apresenta-se, a nosso ver, mais que suficiente para revelar ter sido conferida com exclusividade ao legislador municipal a incumbência de delinear todos os aspectos da hipótese de incidência do IPTU *não apenas para fins tributários, mas sim, e preponderantemente, para salvaguardar o efetivo cumprimento da função social da propriedade*.[9]

Com efeito, de forma genérica encontra-se assegurado no art. 5º da Lei Maior o direito à propriedade, e de modo mais incisivo no aludido art. 182, quando impõe ao Município o dever de executar a política de desenvolvimento urbano e de, inclusive por meio do IPTU, promover o adequado aproveitamento do solo urbano não-edificado, subutilizado ou não-utilizado.

Ademais, explicita nossa atual Constituição que o instrumento básico da política de desenvolvimento e de expansão urbana consiste no plano diretor aprovado pela Câmara Municipal, ressaltando, outrossim, que a propriedade urbana cumpre sua função social quando atende às exigências fundamentais de ordenação da cidade expressas no mencionado plano diretor.

Logo, não há campo para maiores lucubrações doutrinárias no intuito de esclarecer qual a pessoa política competente para traçar as fronteiras da área urbana e rural.[10]

Compete, pois, apenas ao Município traçar os limites da área urbana, sob seus próprios critérios, para que possa assegurar a observância do princípio da função social da propriedade urbana e, por via de conseqüência, para fins de tributação, já que, por expressa disposição constitucional, é dever do legislador municipal utilizar-se do IPTU como instrumento de política de desenvolvimento e de expansão urbana.

---

9. Impende, nesta passagem, registrar as doutas lições de Karl Larenz: "(...) o sentido literal a extrair do uso lingüístico geral serve à interpretação, antes de mais, como uma primeira orientação, assinalando, por outro lado, enquanto sentido literal possível — quer seja segundo o uso lingüístico de outrora, quer seja segundo o actual —, o limite da interpretação propriamente dita. Delimita, de certo modo, o campo em que se leva a cabo a ulterior actividade do intérprete.

"(...).

"(...) Entre várias interpretações possíveis segundo o sentido literal, deve por isso ter prevalência aquela que possibilita a garantia de concordância material com outra disposição" (cf. *Metodologia da ciência do Direito*, p. 392).

10. Tal entendimento é semelhante à tese sustentada por Hely Lopes Meirelles. Segundo o autor, compete ao Município delimitar zona urbana, quer para fins urbanísticos, quer para fins tributários. Uma vez definida, deve a Prefeitura encaminhar o texto legal ao INCRA para que este possa cessar sua jurisdição sobre a nova zona urbana, transferindo, de conseguinte, a competência impositiva federal (ITR) para a competência municipal (IPTU). V. *Direito municipal brasileiro*, p. 388.

3
ASPECTO MATERIAL
DA HIPÓTESE DE INCIDÊNCIA DO IPTU

3.1 "Propriedade" para fins de IPTU. 3.2 Domínio útil e posse. 3.3 Controvérsia doutrinária. 3.4 Bem imóvel. 3.5 Ficções e equiparações jurídicas. 3.6 Prédios e terrenos.

O aspecto material de qualquer espécie tributária consiste no fato lícito, genérico e abstrato descrito na sua respectiva hipótese de incidência, abstratamente isolado das coordenadas de tempo e de espaço.

Assim, se a hipótese (descritor) da norma jurídica que institui a obrigação de pagar o IPTU refere-se à situação "ser proprietário de bem imóvel", esta, a rigor, é sua materialidade.

Cuidaremos inicialmente, em itens próprios, da noção jurídica dos termos integrantes do aspecto material da hipótese de incidência do IPTU. Logo após, referir-nos-emos aos eventuais pontos controvertidos e, em seguida, fixaremos nossa posição.

3.1 "Propriedade" para fins de IPTU

O IPTU, segundo mandamento constitucional, somente incide sobre a *propriedade* predial e territorial urbana.

Veja-se: a Constituição não diz que incide sobre o *direito* à propriedade, referindo-se somente à *propriedade*.

Mas o que vêm a ser, juridicamente, propriedade e direito de propriedade?

Por primeiro, busquemos no direito civil o conceito de tais institutos jurídicos, haja vista que, não tendo o legislador trazido, para fins especificamente tributários, uma noção diversa da que já existe, torna-se despiciendo qualquer esforço exegético neste sentido.

Ademais, como bem elucida Gian Antonio Micheli, o direito tributário nada mais é que um direito de superposição, devendo buscar para si, sempre que possível, conceitos "próprios" de outros ramos do Direito. Apreciemos suas lições: "Algumas vezes o legislador especifica muito claramente em que sentido ele assume um conceito juridicamente relevante também para as outras normas. Mas não podendo, mediante a reconstrução sistemática da *legis*, atribuir à palavra um significado diverso daquele que lhe é próprio em outros campos do Direito, o intérprete deve entender a norma tributária como se tivesse adotado aquela palavra na acepção que lhe é comum em outras normas ditadas não para fins tributários, mas para outros efeitos. Assim, não existiria qualquer razão para não entender, segundo o significado acolhido a outras leis, palavras como 'venda' ou 'contrato' ou de entender inaplicáveis ao direito tributário normas de direito civil sobre sucessões, por exemplo, sobre a capacidade das pessoas, se a norma impositiva não prevê de outra forma".[1]

É o que se verifica com o vocábulo *propriedade*. Vejamos, pois, sua acepção jurídica, já delineada na seara civil.

Segundo o magistral civilista Caio Mário da Silva Pereira — acompanhado, dentre outros, por Maria Helena Diniz — propriedade é o *direito* que uma pessoa física ou jurídica tem de, dentro dos limites normativos, usar, gozar e dispor de um bem e de reivindicá-lo de quem injustamente o detenha. Harmoniza-se esta definição com o disposto no art. 1.228 do Código Civil brasileiro.[2]

---

1. In *Curso de derecho tributario*, p. 45. A propósito, determina nosso Código Tributário Nacional: "Art. 110. A lei tributária não pode alterar a definição, o conteúdo e o alcance de institutos, conceitos e formas de direito privado, utilizados, expressa ou implicitamente, pela Constituição Federal, pelas Constituições dos Estados, ou pelas Leis Orgânicas do Distrito Federal, ou dos Municípios, para definir ou limitar competências tributárias".

2. Diz o artigo: "Art. 1.228. O proprietário tem a faculdade de usar, gozar e dispor da coisa, e o direito de reavê-la do poder de quem quer que injustamente a possua ou detenha". Vejamos, por oportuno, as lições de Everaldo Augusto Cambler:

"Continua reconhecida a liberdade individual do titular do direito de propriedade nos seus quatro momentos fundamentais: o uso, o gozo, a disposição e a defesa da coisa. Quando o titular do direito possui poder absoluto, ilimitado e exclusivo sobre a coisa, diz-se que ele detém a propriedade plena (domínio).

Pertinentes, outrossim, são as observações de José Afonso da Silva, que ora trazemos a contexto, a respeito do direito de propriedade. Segundo o autor, o direito de propriedade paulatinamente perdeu seu caráter absoluto, ou seja, como relação jurídica entre pessoa e coisa. Diz o autor: "O *direito de propriedade* fora, com efeito, concebido como uma *relação* entre uma *pessoa* e uma *coisa*, de caráter absoluto, natural e imprescritível. Verificou-se, mais tarde, o absurdo dessa teoria, porque entre uma pessoa e uma coisa não pode haver relação jurídica, que só se opera entre pessoas. Um passo adiante, à vista dessa crítica, passou-se a entender o direito de propriedade como uma relação entre um indivíduo (sujeito ativo) e um *sujeito passivo universal* integrado por todas as pessoas, o qual tem o dever de respeitá-lo, abstraindo-se de violá-lo, e assim o direito de propriedade se revela como *um modo de imputação jurídica de uma coisa a um sujeito*. Mas aí se manifesta uma visão muito parcial do regime jurídico da propriedade: uma perspectiva civilista, que não alcança a complexidade do tema, que é resultante de um complexo de normas jurídicas de direito público e de direito privado, e que pode ingressar como *relação* jurídica e como *instituição* jurídica".[3]

O Código Civil, outrossim, não traz a definição de propriedade, mas apenas a de direito de propriedade.

Ora, se a Constituição determina que o aspecto material da hipótese de incidência do IPTU é a propriedade e, juridicamente, tem-se a definição de propriedade como sendo o *direito* de usar, gozar, dispor e reivindicar de quem injustamente a detenha, permitimo-nos concluir que quem detiver alguns desses direitos, acompanhados do *animus* de ser proprietário, poderá figurar no pólo passivo da obrigação de pagar o aludido imposto.

"(...). Os direitos elementares da propriedade plena são: o *jus utendi*, que dá ao proprietário o direito de utilizar a coisa de acordo com a sua vontade, dando-lhe a destinação que melhor lhe aprouver; o *jus fruendi*, que possibilita ao sujeito o poder de colher os frutos naturais e civis da coisa, bem como explorá-la economicamente, aproveitando os seus produtos; o *jus abutendi*, que significa o direito de dispor da coisa, a qualquer título — doação, venda, troca —, ou ainda consumir a coisa, transformá-la, alterá-la ou, ainda, destruí-la, respeitados os limites impostos pela sociedade.

"Estes três elementos da propriedade constituem o domínio" (in *Incorporação imobiliária*, pp. 74 e 75).

3. In *Curso* ..., p. 270.

É que a possibilidade jurídica concreta de alguém vir a se tornar proprietário, acentuada pelo fato de já usufruir de alguns dos direitos inerentes à propriedade, enseja a presunção de que possui capacidade contributiva.

Mas por que estamos detectando o aspecto material do IPTU levando em conta basicamente o princípio da capacidade econômica do contribuinte?

Ora, porque este é o princípio informativo dos impostos!

Deveras, cumpre não olvidar que a primeira parte do § 1º do art. 145 da Constituição Republicana determina que sempre que possível deverão os impostos ter caráter pessoal, bem como ser graduados de acordo com a capacidade econômica dos contribuintes.

Assim, não temos dúvida em afirmar que a materialidade da hipótese de incidência tributária deve constituir-se em um signo presuntivo de riqueza, se quisermos dar uma interpretação harmônica e coerente ao texto constitucional em matéria tributária.

Com efeito, sendo a materialidade da hipótese de incidência tributária um fato presuntivo de riqueza, aquele que o realiza carregará também a mesma presunção de riqueza, isto é, de capacidade contributiva.

Noutro dizer: é necessário apenas que o fato tributável seja impreterivelmente um signo presuntivo de riqueza e que o sujeito passivo da respectiva obrigação tributária seja apenas aquele que realmente encontra-se vinculado a tal fato e, portanto, revele capacidade contributiva. Afinal, não foi em vão que o legislador constituinte, ao traçar a regra-matriz dos impostos, selecionou fatos presuntivos de riqueza.

De aí estarmos convencidos de que não apenas o titular da propriedade, mas todo aquele que detiver alguns dos poderes a ela inerentes, porém aptos a ensejar a presunção de sua capacidade contributiva, poderá figurar no pólo passivo da obrigação tributária em foco. Noutras palavras: não apenas o proprietário, mas também aquele que, na situação em que se encontra, possa vir a ser proprietário, pode ser sujeito passivo do IPTU.

De conseguinte, conforme propugnamos, deve ser o verbete *propriedade* amplamente interpretado, no sentido de abarcar o domínio útil e a posse, sempre que reveladores da capacidade contributiva do sujeito passivo do Imposto Predial e Territorial Urbano.

Ademais, para roborar tal entendimento, convém relembrar que os direitos inerentes à propriedade podem ser exercidos na íntegra por quem detenha a propriedade plena, ou parcialmente, isto é, por quem detenha a propriedade limitada.

É o que nos ensinam os civilistas, dentre os quais destacamos Everaldo Augusto Cambler (cf. texto citado na nota 2, retro).

Firmaremos melhor essas idéias à medida que alinhavarmos, em tópicos distintos, os conceitos de domínio útil e posse.

Por ora, apenas acentuamos que o art. 32 do Código Tributário Nacional brasileiro apresenta-se em conformidade com o mandamento constitucional quando dispõe que o IPTU incide não apenas sobre a propriedade predial e territorial urbana, mas também sobre o *domínio útil ou a posse* de bem imóvel por natureza ou por acessão física, como definido na lei civil, localizado na zona urbana do Município.[4]

Outrossim, em face do princípio da autonomia política dos entes públicos, sustentamos o entendimento segundo o qual compete ao Município delinear todos os aspectos da norma tributária sempre que se cuidar de tributos de sua competência.

De conseguinte, sendo o IPTU um tributo da esfera de competência municipal, incumbem ao Município sua instituição e majoração. Demais disso, propugnamos que poderá o Município indicar como hipótese de incidência do aludido imposto não só a propriedade como, também, o domínio útil e a posse, pois, como firmamos linhas atrás, se assim proceder não estará afrontando a regra-matriz constitucional do IPTU, mas, sim, respeitando princípios básicos consagrados pela Lei Maior, tais como o princípio republicano, o da igualdade e o da capacidade contributiva.

Nesta linha de raciocínio, haveríamos de acrescentar mais quatro hipóteses de incidência do IPTU, a saber: o domínio útil de terreno urbano, o domínio útil de prédio urbano, a posse de terreno urbano e a posse de prédio urbano.

Com efeito, todas essas hipóteses configuram situações capazes de expressar o poder aquisitivo daqueles que nelas se encontram ou estejam diretamente envolvidos.

4. Neste sentido Antônio José da Costa, in *Da regra-padrão* ..., p. 23.

3.2 Domínio útil e posse

No que tange ao aspecto material da hipótese de incidência do IPTU, diz o art. 32 do Código Tributário Nacional que o referido imposto, além da propriedade, também incide sobre o domínio útil e a posse.

Convém, então, explicitarmos um pouco mais a noção de posse e domínio útil, para que possamos firmar nosso entendimento.

Domínio útil traduz-se no direito de usufruir do imóvel da forma mais ampla possível, podendo, inclusive, transmiti-lo a terceiro, a título oneroso ou gratuito. Distingue-se do chamado domínio direto, por meio do qual a pessoa mantém para si apenas a substância da coisa, não, porém, suas utilidades.

Assim, é possível que a uma mesma pessoa pertença a titularidade tanto do domínio direto quanto do domínio útil, isto é, possua a substância mesma do bem acompanhada de suas utilidades. Mas quando isto não se verificar, quem, de fato, revela capacidade econômica é o detentor do domínio útil, uma vez que é o único que se beneficia realmente com as utilidades que a coisa lhe proporciona.

Por outro lado, posse absoluta (própria ou plena) é a posse de quem exerce poderes *animu domini* ou de quem possui como se dono fosse.

Segundo parte da doutrina, não se confunde posse absoluta com posse de quem é proprietário. Para melhor aclarar tais assertivas, vejamos o que leciona J. D. Figueiras Jr.:

"Possuir como se fosse proprietário é conceito respeitante ao mundo fáctico, enquanto que a propriedade pertence ao mundo jurídico.

"Nenhum proprietário possui a título de propriedade. O proprietário que concomitantemente é possuidor simplesmente possui de maneira absoluta (própria), tendo em vista que a posse encontra-se em outra dimensão. Possui porque se enquadra no perfil de possuidor, ou seja, é titular do poder fáctico, e não porque é titular do direito de propriedade.

"(...).

"A *posse relativa* é poder fáctico que tem origem no desmembramento de um direito (posse *non domini*), não gerando efeitos à prescrição aquisitiva (posse *ad usucapionem*). Decorre da posse absoluta, que se apresenta como pressuposto de sua existência, por resultar de uma obrigação ou direito, nos casos como o do locatário ou credor pignoratício, em que subsistem ambas as posses sem que uma venha a anular a outra; significa possuir, mas não como seu.

"Apenas um sujeito pode ser possuidor absoluto; a titularidade múltipla da situação fáctico-potestativa, neste caso, somente se verificará numa composse ou na posse periódica.

"Todavia, a posse relativa admite pluralidade, ou seja, desmembramento de relações no mundo fáctico, onde sujeitos diversos exercerão poderes não-próprios sobre a mesma coisa. Assim, por exemplo, o locatário tem posse relativa, como a terá sobre o mesmo bem o sublocatário, enquanto que a posse absoluta permanecerá com o titular único, qual seja, o locador.

"(...).

"Note-se que, em qualquer hipótese, nenhum dos possuidores deixa de ter poderes fácticos sobre a coisa; nestes casos, o que se verifica é um desmembramento do poder, formando-se *poderes de graduação diversa*.

"Enquanto um sujeito tem posse como se fosse dono, o outro tem posse de locatário (posse absoluta indireta e posse relativa direta, respectivamente). A posse direta será sempre única; a posse indireta pode apresentar-se tantas vezes quantos forem desejados os desmembramentos das relações fáctico-potestativas (por direito pessoal ou real), mantendo-se cada uma delas em graus e com poderes diferentes."[5]

Não nos cabe aqui indagar a respeito da natureza jurídica da posse. Interessa-nos apenas salientar que a posse dita *indireta* é passível de desmembramentos, sendo que somente aquele que possui como se dono fosse tem aptidão para figurar como sujeito passivo do IPTU, posto que só este revela capacidade contributiva.

Assim, tanto o domínio útil como a posse *ad usucapionem* são passíveis de tributação, uma vez que ambos os conceitos estão associados à propriedade e revelam a capacidade econômica de seus "titulares".

---

5. Cf. *Posse e ações possessórias*, v. I/199-202. O Código Civil não traz a definição de posse, apenas a de possuidor: "Art. 1.196. Considera-se possuidor todo aquele que tem de fato o exercício, pleno, ou não, de algum dos poderes inerentes à propriedade".

A posse que não seja apta para gerar o usucapião, por via de conseqüência, não será apta para revelar a capacidade econômica do possuidor para fins de IPTU, cujo sujeito passivo seria, nesta hipótese, quem tenha o domínio útil do imóvel, por ser este muito mais amplo que a mera posse provisória.

Tal interpretação, diga-se de passagem, parece também atender ao princípio da função social da propriedade, uma vez que, exemplificativamente, impede que enfiteutas eximam-se do mencionado encargo tributário argumentando que o sujeito passivo do IPTU haveria de ser apenas quem tenha o domínio direto do imóvel e, neste caso, em face da imunidade recíproca dos entes públicos, deixaria o IPTU de atuar como instrumento eficiente para promover o cumprimento da função social da propriedade urbana.

3.3 Controvérsia doutrinária

Não é, todavia, plenamente pacífica na doutrina a questão referente ao sentido, conteúdo e alcance do termo *propriedade* empregado pelo legislador constituinte para fins de IPTU.

Aires Fernandino Barreto, por exemplo, entende que o vocábulo *propriedade* foi utilizado na acepção comum, atécnica, vulgar, qual seja, de patrimônio imobiliário — expressão, esta, que compreenderia o fato de alguém ser proprietário, como o de ser titular do domínio útil ou possuidor a qualquer título. E mais: aduz o autor que, não obstante tenha o Código Tributário Nacional se referido à "posse a qualquer título", o que se tem em mira é a posse *ad usucapionem*, ou seja, a posse que pode conduzir à propriedade.[6]

Em defesa de sua posição, argumenta o autor que, se assim não fosse, bastaria que todos transformassem suas propriedades, da perspectiva jurídica, em contratos de enfiteuse, de emprazamento ou de aforamento e, de conseguinte, isso seria suficiente para que se forrassem à incidência do IPTU.[7]

---

6. In "Impostos ...", pp. 228 e 229. E, exemplificando, diz o renomado autor que é por tal razão que "não se cogita de alcançar, seja por via do IPTU, seja por via de ITR, o locatário, porque, nada obstante haja um desdobramento da posse (a posse indireta fica com o proprietário, a posse direta com o locatário), a posse detida pelo locatário não é posse conducente ao usucapião".

7. Ob. cit., p. 228.

Demais disso — acrescenta Aires Fernandino Barreto —, a Constituição brasileira acolhe a propriedade imobiliária como, no dizer de Alberto Xavier, expressão de um símbolo de riqueza e, desta forma, não se poderia conceber que a Lei das Leis tivesse se limitado ao emprego da noção jurídica de propriedade tal como nos é dada, rigorosa e estreitamente, pelo direito civil.

De semelhante pensar, já sustentava Aliomar Baleeiro, quando comentava o art. 29 do Código Tributário Nacional: "Não nos parece que a interpretação deva ser restritiva. Afinal, a posse é atributo da propriedade e deve ser incluída no conceito desta, 'para efeitos do direito fiscal', como já o faziam anteriormente as leis estaduais".

Por outro lado, robora o autor: "há a realidade de que milhares ou milhões de fazendas e sítios, no Brasil, ocupam terras públicas ou particulares de terceiros, já que seus possuidores não têm título hábil ou o título não se filia a uma cadeia sucessória até o desmembramento do patrimônio público. Há de atender-se à *ratio iuris* da Constituição, o parcelamento dos latifúndios e o aproveitamento das terras ociosas, próprias ou não."[8]

Pelo que se pode inferir da leitura desses breves trechos ora reproduzidos, Aliomar Baleeiro também não considera duvidosa a constitucionalidade da aplicação do IPTU ao possuidor sem título de domínio, muito embora a Lei Maior só se refira à propriedade.[9]

Adalmir da Cunha Miranda, de sua vez, sustenta que: "O conteúdo econômico e a natureza jurídica da posse justificam a sua caracterização como fato gerador do Imposto sobre a Propriedade Territorial Urbana e a atribuição da qualidade de contribuinte ao possuidor do terreno, a qualquer título".[10]

Outros, como José Washington Coelho, assumindo posição contrária, não admitem a tributação da posse, entendendo ser inconstitucional a parte do art. 32 do Código Tributário Nacional que coloca o domínio útil e a posse na definição da hipótese de incidência do IPTU.[11]

---

8. In *Direito tributário brasileiro*, p. 148.

9. In *Direito ...*, p. 154.

10. In *Tributos municipais – Anteprojeto de Código Tributário Municipal anotado*, p. 70.

11. In *Código Tributário Nacional interpretado*, p. 32.

Embora defensável este último posicionamento — pois poder-se-ia argumentar que no caso configurou-se um alargamento da competência tributária por lei infraconstitucional, o que é vedado pelo nosso ordenamento jurídico —, estamos convencidos de que o IPTU incide não apenas sobre a propriedade, mas também sobre o domínio útil e a posse *ad usucapionem*.

Por outro lado, sustentamos que o disposto no aludido art. 32 tem natureza de lei ordinária federal, devendo, portanto, ser desconsiderado, mormente se cotejado com dispositivo semelhante veiculado por lei municipal.

Desta forma, questionamos, aqui, apenas se, em tese, poderiam ser tributados a posse e o domínio útil, isto é, se seria constitucional lei municipal que determinasse a incidência do IPTU sobre a propriedade, a posse e o domínio útil. E entendemos que sim, desde que esclareça que se trata da posse *ad usucapionem*. Melhor dizendo: quaisquer situações inerentes à propriedade que pressuponham o domínio útil do imóvel podem ser tributadas via IPTU.

Com efeito, o fato presuntivo de riqueza que o legislador constituinte pretende seja tributado é a *propriedade*, devendo ser sujeito passivo do referido imposto quem detiver não apenas sua titularidade, mas a propriedade, a enfiteuse ou a posse, desde que acompanhadas do domínio útil do imóvel, pois apenas esta revela o princípio constitucional informador dos impostos, qual seja, o da capacidade contributiva.

Veja-se: quem tem a titularidade da propriedade necessariamente dispõe do domínio direto. Quem tem domínio direto dispõe do domínio útil. Ora, apenas quem dispõe do domínio útil do imóvel possui capacidade contributiva, já que pode usufruir de todas as utilidades do imóvel.

Seria inconcebível que aquele que tivesse a posse ou o domínio útil do imóvel sem, todavia, ser proprietário pudesse eximir-se do respectivo imposto, não obstante tivesse o uso e o gozo do imóvel, revelasse capacidade econômica, bem como usufruísse de todos os benefícios custeados pelo Município com o dinheiro proveniente dos impostos que seriam eventualmente pagos apenas pelos *donos* de imóveis localizados na zona urbana.

Ora, a Constituição Federal, ao traçar a regra-matriz do IPTU permitindo sua incidência sobre a propriedade, assegurou a observância do princípio da capacidade contributiva, uma vez que o proprietário, regra geral, dispõe do domínio útil do imóvel. Não trouxe, porém, a Lei Maior qualquer exceção, de forma que não cabe ao intérprete fazê-lo — por exemplo, excluindo da incidência do IPTU o domínio útil do imóvel, ou admitindo a incidência do imposto sobre a posse provisória.

Haveria exceção a tal princípio se a Constituição determinasse *expressamente* sua incidência sobre a propriedade *independentemente* de estar ou não acompanhada do domínio útil, porque, neste caso, quem tivesse apenas o domínio direto estaria sujeito ao IPTU, não obstante a ausência de capacidade econômica.

Em suma: se o legislador constituinte, ao traçar a regra-matriz do IPTU, foi coerente com o critério que utilizou para selecionar fatos signos de riqueza para ensejar a tributação via impostos, não deve o intérprete fugir da interpretação sistemática, ainda mais para criar exceções à regra constitucional.

3.4 Bem imóvel

O Código Civil brasileiro, no art. 43, traz o conceito de bem imóvel.[12]

Cumpre ressaltar, de início, que não se trata de qualquer bem imóvel. É dizer: embora entendamos que o conceito de bem imóvel, para fins de IPTU, deva ser auferido da lei civil, há de se aclarar que apenas *prédios* e *terrenos* estão sujeitos à sua incidência, pois assim deixou claro o legislador constituinte.

Não integram o conceito de bem imóvel, para os referidos fins, árvores e frutos pendentes, pois estes, embora considerados pela lei civil como bens imóveis, não se encontram compreendidos no conceito de prédios ou terrenos.[13]

---

12. "Art. 79. São bens imóveis o solo e tudo quanto se lhe incorporar natural ou artificialmente. (...) Art. 81. Não perdem o caráter de imóveis: I — as edificações que, separadas do solo, mas conservando a sua unidade, forem removidas para outro local; II — os materiais provisoriamente separados de um prédio, para nele se reempregarem. Art. 82. São móveis os bens suscetíveis de movimento próprio, ou de remoção por força alheia, sem alteração da substância ou da destinação econômico-social."

13. Aires Fernandino Barreto, neste caso, entende que árvores e frutos pendentes não integram o conceito de bem imóvel porque não revelam significação econômica (in "Impostos sobre a propriedade imobiliária", p. 229).

E, consoante o art. 32 do Código Tributário Nacional, para efeitos de IPTU devem ser considerados apenas os bens imóveis por natureza ou por acessão física.

Assim, incide IPTU sobre a propriedade de bem imóvel, seja por natureza (acessão natural), seja por acessão física (industrial ou artificial), tal como definido pela lei civil (art. 43, I e II, do Código Civil), excluídos os imóveis por destinação.

Ouçamos, a propósito, Maria Helena Diniz quanto ao teor dos termos ora mencionados.

Acessão, tal como empregada pelo Código Civil brasileiro no *caput* do art. 536, "é o direito em razão do qual o proprietário de um bem passa a adquirir o domínio de tudo aquilo que a ele se adere. Orlando Gomes, baseado em Barassi, entende que a acessão é uma alteração quantitativa ou qualitativa da coisa, ou, melhor, é o aumento do volume ou do valor do objeto da propriedade devido a forças externas".

A acessão natural processa-se de imóvel a imóvel, isto é, verifica-se "quando a união ou incorporação da coisa acessória à principal advém de acontecimento natural sem que haja intervenção humana". Traz, como exemplos, a consagrada autora, a formação de ilhas, aluvião, avulsão e abandono de álveo.

Por último, ocorre acessão industrial ou artificial "quando a incorporação de uma coisa a outra resultar de trabalho do homem, processando-se de *móvel a imóvel*, como sucede com as plantações e construções de obras"[14] (grifamos).

Hugo de Brito Machado sustenta que o Imposto sobre a Propriedade Territorial Rural incide apenas sobre o bem imóvel por natureza — não incide, pois, sobre edificações, mas apenas sobre a terra —, enquanto o IPTU incide sobre os bens imóveis por natureza e por acessão física, ou seja, sobre a terra e também sobre as edificações.[15]

Quanto ao disposto no parágrafo único do art. 33 do Código Tributário Nacional, que não "considera o valor dos bens móveis mantidos, em caráter permanente ou temporário, no imóvel, para efeito de sua utilização, exploração, aformoseamento ou comodidade", diz Hugo de Brito Machado: "Essa regra tem

14. In *Código Civil anotado*, pp. 411 e 412.
15. In *Curso* ..., p. 363.

por fim evitar controvérsia a respeito do próprio conceito de imóvel por acessão física. Quis o CTN tornar indiscutível a exclusão dos bens de que trata o art. 43, inciso III, do Código Civil, que em certas circunstâncias poderiam ser confundidos com os imóveis por acessão física".

Ocorre que, na verdade — elucida Hugo de Brito Machado —, "tal regra é perfeitamente dispensável, eis que os bens de que trata o art. 43, inciso III, do Código Civil são os denominados imóveis *por acessão intelectual*, e não se incluem na própria descrição do fato gerador do imposto, contida no art. 32 do CTN, não havendo, assim, como se pudesse admitir inclusão do valor destes na base de cálculo respectiva".[16]

Segundo cremos, é outro caso de dispositivo que revela natureza de lei ordinária federal — logo, desnecessário. Demais disso, como nos revela a própria Lei Maior, o IPTU incide sobre a propriedade apenas de bem imóvel *predial* ou *territorial*. Assim, não são tributáveis os imóveis por acessão *intelectual*, quer por exclusão, quer por não serem passíveis de valoração econômica.

3.5 Ficções e equiparações jurídicas

Os direitos reais sobre imóveis, as apólices da dívida pública oneradas com a cláusula de inalterabilidade, o direito à sucessão aberta etc. não passam de ficções e equiparações jurídicas, que apenas no mundo do Direito são considerados bens, sem o serem, todavia, no mundo real.

Daí, poder-se-ia indagar: haveria incidência de IPTU em tais modalidades de bens imóveis? Afirmamos que não, pois, por não se coadunarem com a regra-matriz constitucional do IPTU, não poderiam vir a ser alcançados por este imposto. Refrise-se: os únicos *imóveis* passíveis de tributação via IPTU são *prédios* e *terrenos*.

3.6 Prédios e terrenos

A distinção jurídica entre prédios e terrenos, segundo pensamos, deve ser buscada nas leis civis — arts. 79, 80 e 1.299 do Código Civil brasileiro.[17]

---

16. In *Curso* ..., p. 366.

17. "Art. 1.299. O proprietário pode levantar em seu terreno as construções que lhe aprouver, salvo o direito dos vizinhos e os regulamentos adminis-

Desta forma, *prédio* é a edificação permanentemente incorporada ao solo que serve para habitação ou para exercício de quaisquer atividades profissionais. Circos, quiosques, barracas de campismo, bancas de jornais, barracas de feira etc., nestes termos, não integram a noção jurídica de prédio, uma vez que não estão incorporados permanentemente ao solo, já que podem ser retirados a qualquer momento sem destruição, modificação, fratura ou dano.[18]

Edificações — segundo Aires Fernandino Barreto — são espécies de construção. Esta é o gênero que pode ser objeto de incidência de IPTU. E, nesta hipótese, somente podem ser consideradas as construções classificadas como habitações ou as que possam servir para o exercício de qualquer atividade. São edificações tanto as obras realizadas no subsolo quanto as realizadas na superfície. E, assim sendo, exemplificativamente, são edificações as torres de transmissão, as drenagens, os esgotos etc.[19]

Nessa acepção, segundo supomos, prédios e edificações são expressões equivalentes para fins de IPTU.

Hugo de Brito Machado, aliás, adverte: "No direito civil, prédio tem um significado mais amplo, abrangendo não só as edificações, mas também o próprio terreno; mas assim não é no direito tributário, que utiliza a palavra *prédio* para designar apenas as edificações".[20]

Segundo, ainda, o ilustre autor o imposto em apreço é inseparável, ou seja, não pode incidir isoladamente, quer sobre edificações, quer sobre o terreno, apenas: "É importante saber que se trata de um só, e não de dois impostos. É que ocorrem

---

trativos". Ensina-nos Aliomar Baleeiro que: "Diferentemente do direito comum, em cujo seio, secularmente, prédio compreende o rústico e o urbano, o direito fiscal brasileiro reserva a expressão predial aos edifícios" (in *Direito* ..., p. 153).

18. V. Roque Antônio Carrazza, "Impostos municipais", *RDTributário* 52/154.

19. Plataformas marítimas enquadram-se na noção de imóvel edificado, não obstante a ausência de critério legal objetivo. É que as plataformas relacionam-se ao desempenho de determinada atividade, além de estarem assentadas com caráter de permanência. Todavia, como bem adverte Aires Fernandino Barreto, torna-se despicienda a indagação sobre ser ou não a plataforma imóvel edificado, uma vez que, sendo o IPTU um imposto de competência municipal, a eficácia de sua lei não chega até lá (in "Impostos ...", p. 235).

20. In *Curso* ..., p. 363.

situações curiosas, especialmente em se tratando de grandes áreas de terreno, com pequenas edificações. O Município, em situações tais, pode pretender que o imposto sobre as edificações não abrange todo o terreno, o que é inadmissível. Aliás, a separação nos parece inadmissível em qualquer caso. O imposto é sobre a propriedade imóvel, que abrange o terreno e as edificações no mesmo existentes".[21]

Não perfilhamos tais ensinamentos. Deveras, para fins de IPTU, *prédio* e *edificação* são expressões equivalentes, pois, como já nos referimos, *prédio* é a *edificação* permanentemente incorporada ao solo, que serve para habitação ou para exercício de quaisquer atividades profissionais.

Doutro lado, se o imóvel compreender não apenas o prédio, mas também uma porção de terreno sem edificação alguma, haverá, neste caso, a incidência de dois impostos — do Predial e do Territorial Urbano[22] —, pois trata-se de duas hipóteses de incidência distintas *por expressa disposição constitucional*.

Por fim, adotando-se o critério de exclusão, imóvel que não for prédio será terreno.

---

21. In *Curso* ..., pp. 283 e 284.

22. Nesse sentido: Roque Antonio Carrazza, "Impostos municipais", *RDTributário* 52/153 e 154.

4
ASPECTO PESSOAL DO IPTU

4.1 Sujeito ativo do IPTU. 4.2 Sujeito passivo do IPTU: 4.2.1 Responsável solidário — 4.2.2 Enfiteuta e superficiário — 4.2.3 Possuidor a qualquer título — 4.2.4 Promitente comprador — 4.2.5 Usufrutuário — 4.2.6 Locatário.

Aspecto pessoal ou subjetivo é a qualidade inerente à hipótese de incidência que determina os sujeitos da obrigação tributária que o fato imponível fará nascer.

Noutros termos, é um critério de indicação de sujeitos da relação jurídica tributária que se encontra no conseqüente da endonorma tributária.

Assim, realizado o fato imponível, exsurge a obrigação tributária, isto é, o liame jurídico vinculando dois sujeitos, denominados ativo e passivo, a um objeto (prestação). O sujeito ativo terá, então, o direito subjetivo de exigir do sujeito passivo o cumprimento da prestação, e este terá, simultaneamente, o dever jurídico de cumpri-la.

Convém mencionar, de passagem, a distinção que há entre competência legislativa e capacidade tributária ativa.

Deveras, não se confunde a competência para legislar — faculdade de instituir obrigação tributária *in abstracto* — com a capacidade de ser sujeito ativo de obrigações tributárias, ou seja, de exigir o cumprimento da obrigação *in concreto*.

A lei pode atribuir a titularidade de um tributo à própria pessoa pública de que ela (a lei) é expressão, ou a pessoa diversa. Sujeito ativo é, em regra, a pessoa constitucional titular da competência tributária.

Somente a lei pode designar o sujeito ativo – lei esta que deve ser expedida pela pessoa político-constitucional competente (União, Estados, Distrito Federal e Municípios), de acordo com os critérios de repartição de competências tributárias constitucionalmente estabelecidos.

Todavia, a lei não precisa ser expressa na designação do sujeito ativo. Se nada disser, entende-se que sujeito ativo é a pessoa titular da competência tributária. Se quiser atribuir a titularidade da exigibilidade de um tributo a outra pessoa que não a competente para instituí-lo, deverá ser expressa, designando-a explicitamente (parafiscalidade).[1]

Em suma, sujeito ativo é o credor da obrigação tributária. É a pessoa que tem o direito subjetivo de arrecadar o tributo e, salvo disposição em contrário, é a própria pessoa política tributante.

A determinação do sujeito que tem capacidade de exigir tributo é discricionária; seu único limite é que se trate de pessoa com finalidades públicas, por força do princípio da destinação pública dos tributos, muito bem exposto por Aliomar Baleeiro.

Por outro lado, sujeito passivo é o devedor, o contribuinte da obrigação tributária, o realizador do fato imponível. Ou seja, é a pessoa que terá diminuição patrimonial com a arrecadação do tributo, que terá o dever de efetuar o pagamento do débito tributário — enfim, é a pessoa que tem capacidade tributária

---

1. Parafiscalidade consiste em a lei atribuir a titularidade de tributos a pessoas diversas do Estado, que os arrecadam em benefício de finalidades públicas que buscam alcançar. É o caso de autarquias dotadas de capacidade tributária ativa (OAB, CEF, DER etc.) ou entidades paraestatais (SESI, SENAI, SESC etc.), pessoas de direito privado chamadas pela lei para colaborar com a Administração Pública. Assim, terceiras pessoas arrecadam e ficam com o produto da arrecadação para custear e atingir suas finalidades públicas.

Segundo Roque Antonio Carrazza, parafiscalidade "é a atribuição, pelo titular da competência tributária, mediante lei, de capacidade tributária ativa, a pessoas públicas ou privadas (que persigam finalidades públicas ou de interesse público), diversas do ente imposto, que, por vontade desta mesma lei, passam a dispor do produto arrecadado, para a consecução dos seus objetivos".

Exemplificando. O INSS arrecada as contribuições previdenciárias porque recebeu autorização legislativa para isso; privatização de rodovias: a lei tem que criar a taxa de pedágio e delegar o direito à arrecadação.

Obs.: capacidade ativa auxiliar: competência delegada a terceira pessoa apenas para arrecadar (e não para dispor do dinheiro), exemplo: ELETROPAULO, arrecada tarifas de energia elétrica e as repassa para a Fazenda Nacional; INCRA, autarquia incumbida de arrecadar o ITR e de cuidar da reforma agrária.

passiva ou, no dizer de Héctor Villegas, é o destinatário constitucional tributário.

Qualquer pessoa — inclusive pessoas políticas de direito público — pode ser sujeito passivo da obrigação tributária. No que tange aos impostos, todavia, as pessoas políticas e autarquias são imunes por determinação constitucional expressa (art. 150, VI, "a").

O legislador é quem, explícita ou implicitamente, designa os sujeitos da obrigação tributária, na conformidade do desígnio constitucional. O legislador procede à eleição dos sujeitos com certa discrição, exceto no Brasil, pois, como se sabe, em matéria tributária nossa Constituição é minuciosa e quase exaustiva.[2]

Assim, incumbe ao legislador infraconstitucional, sob pena de inconstitucionalidade, pôr como sujeito passivo o destinatário constitucional tributário. Estes estão designados pela Lei Suprema — seja por dicção expressa, seja pela indicação sistemática, confirmadas pelos princípios da retribuição (art. 145, II), da proporcionalidade (arts. 145, III, e 149), quanto às taxas e contribuição de melhoria, ou da *capacidade contributiva* (art. 145, § 1º), *quanto aos impostos.*

Assevera Paulo de Barros Carvalho que o conseqüente normativo apenas e tão-somente designa o sujeito ativo, expressa ou implicitamente. Quanto ao sujeito passivo, limita-se a dar o critério para sua determinação. É que só o fato imponível irá concretizar em alguém a indicação genérica e abstrata da lei. Somente depois da realização do fato imponível torna-se possível determinar concretamente o sujeito passivo da obrigação tributária.

Logo, o aspecto pessoal é o atributo da endonorma tributária que determina o sujeito ativo da obrigação jurídica respectiva e estabelece os critérios para fixação do sujeito passivo.[3]

4.1 Sujeito ativo do IPTU

A competência para a instituição ou majoração do IPTU é do Município, ainda que o texto constitucional albergue exceções.

2. Sobre o tema, v. Marçal Justen Filho, *Sujeição passiva tributária*, 1ª ed., Belém-Pará, CEJUP, 1986.

3. Ressalta-se, aqui, a distinção entre hipótese de incidência e fato imponível: na hipótese de incidência o sujeito passivo é "quem vende", "quem recebe renda", "aquele que exporta", "aquele que tiver a propriedade"; diante do fato imponível sabe-se que é João, Antônio, José etc.

Mas, no que concerne à capacidade ativa, isto é, à aptidão para promover a arrecadação do produto derivado de tributação via IPTU, se a lei municipal nada dispuser em sentido diverso, será o próprio Município o credor do mencionado imposto.

4.2 Sujeito passivo do IPTU

Incidindo sobre a *propriedade*, infere-se que o sujeito passivo do IPTU é o detentor da propriedade, ou, na precisa terminologia de Alfredo Augusto Becker, o *sujeito passivo da relação jurídica tributária nos impostos prediais e territoriais é a pessoa proprietária do imóvel no dia 1º de janeiro de cada ano*.

No mais, para os que sustentam a incidência do IPTU também sobre o domínio útil ou sobre a posse a qualquer título, têm-se como sujeito passivo do aludido imposto tanto o titular do domínio útil como o possuidor, a qualquer título, de imóvel urbano.

É o que diz o art. 34 do Código Tributário Nacional,[4] referindo-se ao IPTU: "Art. 34. Contribuinte do imposto é o proprietário do imóvel, o titular do seu domínio útil, ou seu possuidor a qualquer título".[5]

Entende Hugo de Brito Machado que "o contribuinte do Imposto sobre a Propriedade Predial e Territorial Urbana é o proprietário, se este reúne em seu patrimônio os dois domínios do imóvel. Se há enfiteuse, o contribuinte é o titular do domínio útil. E, finalmente, se alguém, com ânimo de proprietário, tem a posse do imóvel, faltando-lhe, para ser proprietário, apenas o título respectivo, então será esse titular da posse o contribuinte".[6]

De seu turno, sintetiza Adalmir da Cunha Miranda que "contribuinte é o sujeito passivo da obrigação principal. É a pessoa

---

4. Esse dispositivo, assim como os demais já referidos, também revela caráter de lei ordinária federal. Por outro lado, traz a definição de contribuinte do imposto em comento e, como sabemos, não é função do legislador doutrinar (definir, elaborar classificações etc.), mas apenas prescrever condutas.

5. Há Súmula do STF firmando que o imposto predial, segundo o Direito da época, é ônus do proprietário, e não do titular da promessa de venda (Súmula n. 74, RE 35.797, j. 9.3.65, *RTJ* 32/365), e, atualmente, o disposto no § 3º do art. 150 da Constituição Federal de 1988.

6. In *Curso* ..., p. 367.

obrigada ao pagamento deste imposto ou de penalidades pecuniárias que lhe sejam regularmente aplicadas, por falta de cumprimento da obrigação principal (pagar este imposto) ou de obrigação acessória (por exemplo: requerer a inscrição prevista no art. 14 deste Código)".[7]

Somos, neste passo, seguidores veementes das consubstanciosas lições de Dino Jarach, que ora transcrevemos:

"Se o fato imponível é sempre um fato de natureza econômica, como já o dissemos, também o critério de atribuição ao contribuinte, que não é senão um aspecto do mesmo fato imponível, participará dessa natureza econômica. Nos critérios de atribuição que necessariamente impliquem relações jurídicas será relevante a relação econômica que forma o conteúdo da relação jurídica, não esta enquanto tal.

"Assim, por exemplo, se o fato imponível é constituído pela propriedade imobiliária, em linha geral, entende-se que o direito de propriedade é o critério de atribuição do fato imponível ao contribuinte e que, por fim, o contribuinte é o proprietário do bem, enquanto o proprietário é efetivamente o titular do direito de propriedade; *mas se, por uma razão qualquer, o direito de propriedade, o título, está separado de seu conteúdo econômico essencial em vista do qual foi tomado como fato imponível, o contribuinte não é o proprietário, senão o que efetivamente se encontra na situação econômica que constitui o fato imponível*"[8] (grifamos).

Ora, se o fato juridicamente adequado para ser descrito na hipótese de incidência dos impostos deve ser economicamente mensurável, por igual razão deverá o contribuinte estar envolvido por essa mesma natureza econômica, ou seja, terá que se vincular ao conteúdo econômico do fato tributável, o que se verifica, também, na hipótese, pelo fato de estar em condições de vir a se tornar o futuro titular da propriedade.

Assim, o sujeito passivo do IPTU é aquele que realiza o fato imponível, isto é, aquele que se encontra na situação econômica descrita na hipótese de incidência tributária: será o proprietário se, de fato, este revelar sua capacidade econômica por ser o proprietário (isto é, por usar, gozar e dispor do imóvel a título oneroso ou gratuito); será, doutra parte, não o proprietário, mas aquele que detiver o domínio útil ou aquele que detiver a posse

---

7. In *Tributos municipais* ..., p. 72.
8. In *O fato imponível*, pp. 159 e 160.

ad usucapionem, já que são situações que demonstram claramente que estes — e não o titular da propriedade, que detém apenas o domínio direto, a substância mesma da coisa, desprovida de suas utilidades —, realmente, participam da natureza econômica do fato imponível.

4.2.1 Responsável solidário

Reza o art. 30 do Código Tributário Nacional: "Art. 30. O imposto é devido, a critério da repartição competente: I — por quem exerça a posse direta do imóvel, sem prejuízo da responsabilidade solidária dos possuidores indiretos; II — por qualquer dos possuidores indiretos, sem prejuízo da responsabilidade solidária dos demais e do possuidor direto".

Apenas quem tem relação direta e pessoal com o fato imponível da obrigação tributária pode ser o sujeito da obrigação principal, ou seja, o contribuinte. Todavia, há também a figura do responsável, que, embora não revista a condição de contribuinte, assume a obrigação por expressa disposição em lei.[9] Assim, enquanto a obrigação do contribuinte é originária, a do responsável é derivada.

Ressalte-se que apenas a lei pode atribuir a terceira pessoa a responsabilidade pelo pagamento do tributo, e desde que essa pessoa esteja vinculada de alguma forma ao fato imponível da obrigação tributária (art. 128 do CTN).[10]

O nascimento da obrigação jurídica de pagar o IPTU ocorre no dia 1º de janeiro de cada ano. De conseguinte, o sujeito passivo, o contribuinte do referido imposto, é o detentor da proprie-

---

9. Por oportuno, v. a seguinte decisão do Superior Tribunal de Justiça: "Tributário — IPTU — Legitimidade. O adquirente de imóvel, a quem foram transmitidos todos os direitos e ações pertinentes, tem legitimidade para postular a restituição de IPTU pago indevidamente a anterior proprietário" (2ª T., REsp 11.613, rel. Min. Américo Luz, j. 7.12.92, v.u., *DJU* 15.3.93, p. 3.804).

10. V.: "Art. 128. Sem prejuízo do disposto neste Capítulo, a lei pode atribuir de modo expresso a responsabilidade pelo crédito tributário a terceira pessoa, vinculada ao fato gerador da respectiva obrigação, excluindo a responsabilidade do contribuinte ou atribuindo-a a este em caráter supletivo do cumprimento total ou parcial da referida obrigação". Mas, segundo cremos, tais dispositivos têm natureza de lei ordinária federal, já que não versam sobre conflitos de competência em matéria tributária ou sobre limitações ao poder de tributar.

dade naquele exato dia. Este vínculo jurídico que há entre aquele que era o proprietário no dia 1º de janeiro e o Fisco não se transmite ao sucessivo proprietário.

Deveras, cumpre distinguir esta primeira relação jurídica — entre aquele que era o proprietário no dia 1º de janeiro e o Fisco — daquela que porventura possa se verificar, qual seja, a de responsabilidade passiva pela dívida tributária, no caso de transmissão sucessiva de propriedade.

Invocando-se as lições de Alfredo Augusto Becker, a regra que estrutura a norma jurídica de responsabilidade especificará seu conteúdo, podendo, por exemplo, "determinar a transmissão para a nova relação jurídica do conteúdo jurídico da primitiva relação jurídica que, com esta transmissão de seu conteúdo, se extingue". Ainda, em nota de rodapé, adverte o autor que raramente realiza-se essa transmissão de relação jurídica, pois o que na verdade se transmite é apenas seu conteúdo jurídico, que passará a constituir o conteúdo de outra relação jurídica.[11]

Assim, caso haja transmissão sucessiva de propriedade e conste do lançamento o novo proprietário, este dado — segundo Becker — em nada altera a realidade jurídica, pois os "novos proprietários, durante o ano civil, são os *responsáveis* legais tributários: a) ou *solidários* com aquele que fora proprietário, no dia 1º de janeiro, o qual continua com o seu original dever jurídico tributário; b) ou *isoladamente*, por lhes ter sido transmitido, sucessivamente, o dever jurídico tributário preexistente, com a conseqüente liberação do primitivo devedor. A escolha dentre estas duas soluções fica ao arbítrio do legislador".[12]

Em síntese, cabe ao legislador municipal disciplinar a responsabilidade tributária no tocante ao IPTU.

Demais disso — como bem adverte Adalmir da Cunha Miranda —, salvo disposição de lei em contrário, não será possível que se oponham à Fazenda Municipal convenções particulares relativas à responsabilidade pelo pagamento de qualquer tributo, no intuito de modificar a definição legal do sujeito passivo das obrigações tributárias.[13]

---

11. In *Teoria geral* ..., p. 393.
12. In *Teoria geral* ..., p. 394.
13. In *Tributos municipais* ..., p. 72.

4.2.2 Enfiteuta e superficiário

O novo Código Civil brasileiro excluiu a enfiteuse do rol dos direitos reais, substituindo-a pelo direito real de superfície que, por sua vez, corresponde ao direito de construir ou de plantar em terreno alheio (arts. 1.369 a 1.377).[14]

Cremos, no entanto, que, em respeito ao direito adquirido, e por força do art. 2.038 do novo Código Civil, subsiste ainda no direito positivo brasileiro o instituto da *enfiteuse* — também conhecido como *emprazamento* ou *aforamento*, expressões, estas, trazidas do direito português — tal como existia no direito romano,[15] sendo porém, vedadas instituições posteriores à nova lei civil.

Trata-se de uma relação jurídica entre o proprietário (senhorio direto) e outra pessoa, chamada enfiteuta, envolvendo terras não-cultivadas ou terrenos não-construídos, visando a fins econômicos, ou seja, promover seu real aproveitamento (art. 680 do Código Civil de 1916). De conseguinte, bens móveis, edificações e glebas colonizadas não podiam ser objeto de enfiteuse.

Sabemos que a lei civil veda a coexistência de dois direitos de propriedade sobre um mesmo bem (art. 527 do Código Civil de 1916 e art. 1.231 do Código atual); logo, há de se rechaçar a idéia de que há dualidade de domínio, seja na enfiteuse, seja no direito de superfície.

---

14. Código Civil de 2002: "Art. 2.038. Fica proibida a constituição de enfiteuses e subenfiteuses, subordinando-se as existentes, até sua extinção, às disposições do Código Civil anterior, Lei n. 3.071, de 1º de janeiro de 1916, e leis posteriores. § 1º. Nos aforamentos a que se refere este artigo é defeso: I – cobrar laudêmio ou prestação análoga nas transmissões de bem aforado, sobre o valor das construções ou plantações; II – constituir subenfiteuse. § 2º. A enfiteuse dos terrenos de marinha e acrescidos regula-se por lei especial".
"Art. 1.369. O proprietário pode conceder a outrem o direito de construir ou de plantar em seu terreno, por tempo determinado, mediante escritura pública devidamente registrada no Cartório de Registro de Imóveis. Parágrafo único. O direito de superfície não autoriza obra no subsolo, salvo se for inerente ao objeto da concessão. (...) Art. 1.377. O direito de superfície, constituído por pessoa jurídica de direito público interno, rege-se por este Código, no que não for diversamente disciplinado em lei especial."
15. Dispunha o art. 678 do Código Civil de 1916: "Dá-se a enfiteuse, aforamento, ou emprazamento, quando por ato entre vivos, ou de última vontade, o proprietário atribui a outrem o domínio útil do imóvel, pagando a pessoa, que o adquire, e assim se constitui enfiteuta, ao senhorio direto uma pensão, ou foro, anual, certo e invariável".

Doutra parte, o senhorio direto é o único e verdadeiro titular do domínio, revelando, todavia, apenas o direito à substância da coisa, desprovida de quaisquer utilidades.

Já o enfiteuta tinha a posse, o uso, o gozo e a disposição da propriedade territorial, mediante certas restrições perante o senhorio direto, tais como o pagamento de retribuição anual (pensão); era aquele que detinha o domínio útil da propriedade pertencente a terceira pessoa. Cuidava-se de um *direito perpétuo, alienável* no todo ou em parte, e *transmissível por herança* (art. 679 do Código Civil de 1916).

Ressalte-se que nos dias de hoje passou o enfiteuta a ocupar posição mais preeminente que a do senhorio direto, uma vez que representa o trabalho e a produção.

Além de, pelas razões acima, ocupar plenamente a posição de sujeito passivo do Imposto Territorial Urbano, uma vez que revela capacidade contributiva decorrente do domínio útil que detém sobre a propriedade, há expressa disposição no Código Civil — ressalte-se, lei ordinária federal — impunha-lhe o ônus de arcar com os encargos tributários: "É obrigado o enfiteuta a satisfazer os impostos e os ônus reais que gravarem o imóvel" (art. 682 do Código Civil de 1916).

O Decreto-lei n. 9.760, de 5.9.46, disciplina o instituto da enfiteuse no que tange a terrenos pertencentes à União. Convém aclarar que a imunidade recíproca das pessoas políticas de direito público não alcança os enfiteutas: primeiro porque não são pessoas políticas de direito público; segundo porque apenas os enfiteutas possuem o domínio útil do imóvel público.

Nesse sentido já se manifestou o Tribunal de Justiça de São Paulo: "Mesmo que o imóvel pertença à União, quem o utiliza, na condição de enfiteuta, não goza do benefício constitucional da imunidade tributária, pois é sujeito passivo do IPTU".[16]

Assim, o enfiteuta — e não o senhorio direto — é o real sujeito passivo do IPTU, já que, pertencendo-lhe o domínio útil do imóvel, encontra-se em uma situação que lhe confere capacidade contributiva, o que não ocorre com o senhorio direto, que,

---

16. *RT* 732/255. Consta, outrossim, do voto proferido a seguinte assertiva: "Ora, a imunidade tributária é da União. Na medida em que o imóvel está sendo utilizado por quem, encontrando-se na condição de sujeito passivo do imposto, não goza do benefício constitucional, legítima a exigência do respectivo pagamento".

por deter apenas o domínio direto, não pode usufruir das utilidades do bem imóvel do qual é proprietário e, de conseguinte, extrair da propriedade sua capacidade contributiva.

No tocante ao direito de superfície, entendemos que o superficiário poderá figurar como contribuinte do IPTU uma vez que também encontra-se numa situação que lhe confere capacidade contributiva. Aliás, é o que dispõe o atual Código Civil: "Art. 1.371. O superficiário responderá pelos encargos e tributos que incidirem sobre o imóvel". A transmissão desse direito pode se dar a título gratuito ou oneroso, com prazo determinado, mediante escritura pública registrada no Cartório de Registro de Imóveis. O superficiário também poderá transferir o direito de superfície sendo vedado ao concedente — mesmo tratando-se de pessoa jurídica de direito público interno — exigir-lhe qualquer pagamento pela *transferência*. Somente o imposto sobre a transmissão onerosa de direitos reais — ITBI — em tese, será devido (na enfiteuse, era devido o laudêmio ao senhorio direto e o ITBI ao Município).

4.2.3 Possuidor a qualquer título

Esta expressão colhida pelo legislador, qual seja, *possuidor a qualquer título* (art. 29), conforme sustentamos até aqui, alcança as pessoas que se encontram numa situação que lhes permite tornarem-se proprietários, bem como as pessoas que usufruem do domínio útil do imóvel e, portanto, revelem conteúdo econômico, como é o caso do compromissário comprador, do enfiteuta, do possuidor *ad usucapionem*.

Logo, a locução *possuidor a qualquer título* sofre restrições, ou seja, deve ser empregada com cautela, em face de tais ponderações.

Essa recomendação dirige-se, na verdade, ao legislador municipal – este, sim, incumbido de indicar o fato gerador *in abstracto* em conformidade com a regra-matriz constitucionalmente traçada.

4.2.4 Promitente comprador

O compromissário comprador tem direito real sobre o imóvel compromissado, podendo — desde que registrado o compromisso e satisfeitos na íntegra seus termos e condições — pleitear judicialmente a outorga da escritura definitiva, ou sua adjudicação compulsória, caso o promitente vendedor se recuse a fazê-lo.

Entendemos, assim, juridicamente possível a entrega da notificação do lançamento ao compromissário comprador imitido na posse precária e que detenha a posse física do imóvel — vale dizer, a qualquer possuidor direto, desde que a posse exercida revele conteúdo econômico. Na verdade, o simples fato de ser compromissário comprador já lhe permite figurar como contribuinte do IPTU.

A propósito, expõe Hugo de Brito Machado:

"Questionado já foi se, no caso de imóvel a respeito do qual fora celebrado contrato de promessa de compra e venda, o contribuinte é o proprietário ou o promitente comprador. Tratava-se de imóvel de autarquia federal, que o prometera vender a particulares. O Supremo Tribunal Federal decidiu que o imposto é ônus do proprietário e não do promitente comprador (Súmula n. 74).

"Posteriormente, o Ato Complementar n. 57, de 10.7.69, estabeleceu, referindo-se às autarquias, que 'os imóveis de propriedade destas prometidos à venda a particulares estão sujeitos ao ônus tributário, a cargo dos promitentes compradores, desde a data do contrato que serviu de base para a transação', e a Emenda Constitucional n. 1, de 17.10.69, tratando da imunidade tributária das autarquias, estabeleceu que essa imunidade não exonera o promitente comprador da obrigação de pagar imposto que incidir sobre imóvel objeto de promessa de compra e venda (art. 19, § 1º).

"(...).

"A regra a respeito do limitado alcance da imunidade das autarquias foi mantida pela vigente Constituição, que tem regra expressa segundo a qual a imunidade da pessoa jurídica de direito público — imunidade recíproca — não exonera o promitente comprador da obrigação de pagar imposto relativamente ao bem imóvel (art. 150, § 3º)."[17]

Há, ademais, a Súmula n. 583 do Supremo Tribunal Federal, desse mesmo teor: "Promitente comprador de imóvel residencial transcrito em nome de autarquia é contribuinte do Imposto Predial e Territorial Urbano".[18]

---

17. In *Curso* ..., pp. 366-367.
18. Referência: CF/69, art. 19, III, e § 1º; CTN, arts. 32 e 34; RE 69.781, j. 26.11.70 (*DJU* 5.3.71, *RTJ* 56/468); RE 71.427, j. 12.4.72 (*DJU* 29.6.72, *RTJ* 62/116); RE 72.638, j. 12.4.72 (*DJU* 9.6.72, *RTJ* 61/813). Cf. *Súmulas*, AASP.

Em suma, interessa-nos aqui, tão-somente, ressaltar que, entre o promitente vendedor e o compromissário comprador, apenas este pode figurar como sujeito passivo do IPTU, já que se encontra numa situação que o tornará proprietário, e por maior razão se já tiver sido imitido na posse. E — vale gizar — é o que expressamente preceitua o § 3º do art. 150 da Constituição Federal de 1988.

4.2.5 Usufrutuário

O Código Fiscal de Buenos Aires (art. 83) considera o "usufrutuário" sujeito passivo do IPTU, conforme ressalta Dino Jarach, *Curso de finanzas* (pp. 485 e 486). O direito francês também estabelece como "devedor do imposto o proprietário e o usufrutuário ou enfiteuta" (Código Geral de Imposto, art. 1.424).

Usufruto é um direito real de fruir a utilidade e frutos de uma coisa enquanto temporariamente destacado da propriedade (art. 713 do Código Civil). O usufrutuário tem o uso e o gozo da coisa, enquanto que ao nu-proprietário pertence a sua substância, mas não o direito de gozo.

Comparando-se as figuras do enfiteuta e a do usufrutuário é fácil compreender por que somente o primeiro pode figurar como sujeito passivo do IPTU: apenas o enfiteuta possui o domínio útil do imóvel, portanto uma gama de direitos bem mais ampla que a do usufrutuário.

Deveras, o direito do enfiteuta transmite-se por herança, tem natureza perpétua, podendo ser alienável. Já no que se refere ao direito do usufrutuário, é este *intransmissível* (extingue-se com a morte do proprietário), *inalienável* e tem *natureza temporária*.

E, como vimos, a eleição do contribuinte deve recair sobre aquele que ou revele condições de vir a se tornar o futuro proprietário, ou detenha a disponibilidade econômica do imóvel, independentemente de quem tenha a titularidade da propriedade.

No caso em apreço, o usufrutuário não está numa situação jurídica que o levará a ser o próximo proprietário e muito menos que lhe permita auferir sua capacidade contributiva, já que não detém o domínio útil do imóvel em sua plenitude.

4.2.6 Locatário

A maior parte da doutrina sustenta a inadmissibilidade jurídica de ter-se a figura do locatário do imóvel, possuidor direto, como sujeito passivo do IPTU.

Entendemos que o locatário não pode ser sujeito passivo do IPTU porque sua situação não revela conteúdo econômico, nem o leva a ser proprietário do imóvel locado.

É dizer: não detém o locatário a posse prolongada do imóvel — que gera o usucapião —, mas apenas a posse provisória.

Aliás, dispõe o locatário apenas do direito ao uso do imóvel locado – direito este condicionado ao pagamento de alugueres. Trata-se, na verdade, não de um direito real sobre a coisa, mas *pessoal*, ou melhor, *contratual*, de modo que sequer poderá o locatário ceder ou transferir o contrato de locação sem expressa anuência do proprietário.

Desse teor, também, o entendimento do Superior Tribunal de Justiça:

"IPTU — Imunidade tributária — Imóvel locado.

"A posse tributária é a que exterioriza o domínio, não aquela exercida pelo locatário ou pelo comodatário, meros titulares de direitos pessoais limitados em relação à coisa.

"Gozando a proprietária do imóvel de imunidade tributária não se pode transferir ao locatário a responsabilidade pelo pagamento do IPTU.

"Recurso improvido" (1ª T., REsp 93.40240, rel. Min. Garcia Vieira, j. 15.12.93, v.u., *DJU* 21.2.94, p. 2.141).

Com efeito, nada impede que em cláusula contratual assuma o inquilino o encargo de recolher o IPTU. Isto, porém, não o "transforma" no sujeito passivo da respectiva obrigação tributária, de modo que eventual atraso ou não-pagamento da dívida tributária será, perante o Fisco, da inteira responsabilidade do proprietário do imóvel, resguardando-se, naturalmente, seu direito *ad regressum*, pelo descumprimento da aludida cláusula contratual.

Noutro dizer: veda-se qualquer manifestação da Fazenda Municipal no intuito de molestar o locatário por eventual descumprimento do encargo assumido em contrato locatício referente ao recolhimento do IPTU.

Poder-se-ia, então, questionar se o locatário — que tenha convencionado pagar o IPTU do imóvel locado — teria legitimidade para questionar em juízo o valor exigido pela Fazenda Municipal.

Hugo de Brito Machado entende que sim, desde que haja "explicitação, no próprio contrato, de que tal responsabilidade pressupõe lhe sejam asseguradas condições de participar do procedimento administrativo de lançamento, exercitando os direitos que a lei atribui ao sujeito passivo da relação tributária". E acrescenta: "Uma cláusula contratual bem redigida, regulando essa relação não-tributária entre os contratantes, é de grande importância para evitar que o contribuinte pague, sem questionar, qualquer tributo, mesmo indevido, e depois exija do contratualmente obrigado o ressarcimento correspondente".[19]

Cremos nós que tal disposição contratual somente seria juridicamente admissível se houvesse a respectiva autorização na lei municipal instituidora da exação em apreço para sua inserção. Caso contrário, nem mesmo esta cláusula que permite ao responsável *convencional* questionar e exigibilidade do tributo poderá ser oposta à Fazenda Municipal. Noutros termos, a figura do responsável tributário só há de ser prevista em lei, e — segundo ainda nosso pensar — lei emanada da própria entidade tributante. Somente esta lei poderá estipular, por exemplo, que o locatário seja responsável solidário ou supletivo pelo pagamento do IPTU ou, então, permitir que haja convenção entre locador e locatário nesse sentido, dentro dos limites por ela impostos.

Aliás, apenas para argumentar, convém relembrar que o Código Tributário Nacional traz dispositivo desse teor: "Art. 123. Salvo disposições de *lei* em contrário, as convenções particulares, relativas à responsabilidade pelo pagamento de tributos, não podem ser opostas à Fazenda Pública, para modificar a definição legal do sujeito passivo das obrigações tributárias correspondentes" (grifou-se).

Há também jurisprudência — RT 728/319 — dizendo que, no caso em tela, teria o inquilino legitimidade *ad causam*. Todavia, assim não pensamos, uma vez que, consoante a melhor doutrina, só terá legitimidade *ad causam* quem puder ser o possível titular do direito material. Aliás, o acórdão referido, em aparente contradição, cita, ainda, lições de Arruda Alvim nesse sentido — "Estará legitimado o autor quando for possível titular do direito pretendido" —, o que não é o caso do locatário.

Ora, o locatário poderá insurgir-se contra o recolhimento do imposto perante o locador, jamais perante o Fisco, já que com este não apresenta nenhuma relação jurídica de natureza tribu-

---

19. Cf. *Curso* ..., p. 139.

tária, mas tão-somente relação contratual com o locador, em face do contrato locatício.

Em síntese, apenas o titular do domínio útil poderá figurar, efetivamente, como sujeito passivo do IPTU, já que os direitos que detém sobre o imóvel locado são bem mais amplos que os do locatário.

5
ASPECTO TEMPORAL
DA HIPÓTESE DE INCIDÊNCIA DO IPTU

Cuidaremos, aqui, do aspecto temporal da hipótese de incidência da norma instituidora do IPTU, isto é, ressaltaremos, sem maiores delongas, o momento em que irromperá a obrigação tributária.

Compete ao legislador municipal estipular a data na qual considerar-se-á nascida a relação jurídico-tributária, que poderá ser bienal, anual, semestral ou trimestral, num determinado dia ou, até mesmo, diariamente, consoante seu alvedrio.

Regra geral, tem-se escolhido o ano civil.

Assim, aquele que realizar o fato imponível do IPTU — tiver a titularidade da propriedade, o domínio útil ou a posse *ad usucapionem* — no dia 1º de janeiro de cada ano será o sujeito passivo, portanto o contribuinte do aludido imposto.[1]

A propósito, são estas as observações tão bem laboradas pelo mestre Alfredo Augusto Becker:

"Comumente, a medida de tempo que o legislador escolhe para a realização do estado de fato é o ano civil; porém, nada impede que o legislador tome medida de tempo maior ou menor que a do ano civil. Assim, a realização do estado de fato poderá completar-se num semestre ou num trimestre ou num dia. Não há fundamento lógico, nem jurídico, que proíba o legislador de criar imposto de propriedade imóvel mediante re-

---

1. Não se pode confundir a data legalmente prevista para o recolhimento da exação com a data em que se considera ocorrido o fato imponível. V., por exemplo, o que se verifica no Município de São Paulo: "Art. 14. (...). Parágrafo único. Considera-se ocorrido o fato gerador em 1º de janeiro do ano a que corresponda o lançamento" (Lei municipal n. 6.989, de 29.12.66).

gra jurídica que incida cada dia e, conseqüentemente, crie um novo dever jurídico de pagar aquele imposto todos os dias. A praticabilidade do sistema jurídico tributário do imposto pretendido e as diretrizes da Política Fiscal é que indicarão ao legislador qual a medida de tempo que ele deverá empregar na construção da regra jurídica tributária, isto é, quais as coordenadas de tempo que condicionarão a realização da hipótese de incidência.

"(...).

"Quando o estado de fato que configura o núcleo (base de cálculo) da hipótese de incidência dos Impostos de Propriedade Territorial ou Predial tiver por medida de tempo (coordenadas de tempo) o ano civil, então, a hipótese de incidência somente estará realizada ao término do *último momento* do dia 31 de dezembro. A regra jurídica tributária (que criará a relação jurídica tributária em cujo conteúdo está o dever jurídico de pagar o imposto em tela) somente poderá *incidir* depois de realizada a hipótese de incidência, de modo que incidirá a regra jurídica tributária vigente no *primeiro momento* do dia 1º de janeiro do novo ano."[2]

É dizer: o fato imponível do IPTU verifica-se no dia 1º de janeiro de cada exercício financeiro. A situação do imóvel neste dia é que vai determinar ou não sua incidência.[3]

---

2. In *Teoria geral* ..., pp. 304, 391 e 392.
3. Nesse sentido Roque Antonio Carrazza, in "Impostos ...", p. 154.

6
ASPECTO QUANTITATIVO DO IPTU

6.1 Base de cálculo "in abstracto" do IPTU: 6.1.1 Funções da base de cálculo — 6.1.2 Valor venal — 6.1.3 Determinação da base imponível: 6.1.3.1 Princípio da preeminência da lei — 6.1.3.2 Princípio da reserva de lei — 6.1.4 Reserva de lei formal — 6.1.5 Reserva de lei material — 6.1.6 Princípio da tipicidade e da especificidade: 6.1.6.1 Princípio da legalidade na esfera tributária. 6.2 Alíquotas do IPTU. 6.3 Classificação dos impostos quanto à variação de alíquotas.

Já tivemos a oportunidade de mencionar que são aspectos da norma jurídica as qualidades que determinam hipoteticamente os sujeitos da relação jurídica, bem como seu conteúdo material, local e momento de nascimento, designados por aspectos pessoal, material, espacial e temporal, sendo que tanto no antecedente como no conseqüente normativo podemos encontrar esses aspectos identificativos.

Constatamos, ainda, que na hipótese de incidência teremos o aspecto material (situação ou comportamento humano), temporal (momento em que nasce a obrigação, isto é, em que se instaura a relação jurídica) e espacial (local onde irrompe a obrigação), enquanto que no conseqüente normativo encontraremos apenas os aspectos pessoal (onde se definem os sujeitos da obrigação) e quantitativo (que permite a apuração do débito tributário: base de cálculo e alíquota).

Leciona Paulo de Barros Carvalho que o critério quantitativo diz respeito aos elementos inseridos pelo legislador no conseqüente das endonormas tributárias e que, em seu conjunto, tornam possível a apuração do conteúdo da prestação que o sujeito passivo haverá de cumprir.[1] Assevera também o ilustre autor:

---

1. In *Teoria da norma tributária*, p. 102.

"Qualquer esforço retórico seria inútil para o fim de exibir a extraordinária importância de que se reveste o exame pormenorizado do critério quantitativo, bastando assinalar que nele reside a chave para a determinação do objeto prestacional, isto é, qual o valor que o sujeito ativo pode exigir e que o sujeito passivo deve pagar".[2]

Com efeito, veremos a seguir que dentre as funções atribuídas à base de cálculo encontra-se a de mensurar, com o auxílio da alíquota, o núcleo fático descrito na hipótese de incidência tributária.

Cinge-se, pois, este capítulo ao exame do aspecto quantitativo da norma instituidora do IPTU, portanto da sua base de cálculo e respectiva alíquota. Realçaremos, concomitantemente, a importância desses elementos, que perfazem o aspecto quantitativo da norma tributária.

6.1 Base de cálculo "in abstracto" do IPTU

Base de cálculo *in abstracto* — também designada por base normativa ou base tributável — é a perspectiva dimensional do aspecto material da hipótese de incidência tributária.

Noutras palavras, é um atributo da hipótese de incidência empregado para dar a real proporção do fato imponível.

Na verdade, vale dizer, tal conceito deu ênfase a uma de suas funções: dar a real proporção do fato imponível.

Exemplifiquemos: o fato descrito na hipótese de incidência do imposto incidente sobre a renda consiste em auferir rendimentos ou proventos de qualquer natureza. A base de cálculo do referido imposto oferece, então, a dimensão real desse fato: a renda auferida pelo respectivo contribuinte.

Ela fornece o critério para determinação do "quanto é devido", uma vez que a coisa posta na materialidade da hipótese de incidência é sempre passível de dimensão, como, por exemplo, o conceito de peso, volume, comprimento, largura.

Acrescente-se, ainda, que a base de cálculo apresenta caráter uniforme, abstrato e genérico, revelando cunho normativo, como toda hipótese de incidência.

2. In *Curso* ..., p. 225.

6.1.1 Funções da base de cálculo

A base de cálculo desempenha relevantes funções na órbita tributária.

Com efeito, é empregada para:

1) dimensionar a materialidade da hipótese de incidência tributária;

2) apurar, conseqüentemente, o montante devido;

3) constatar a observância dos princípios da capacidade contributiva e da reserva de competências impositivas;

4) confirmar, afirmar ou infirmar a espécie tributária.

Mostra Misabel Derzi que a base de cálculo "compõe-se de uma ordem de grandeza (e 'método de conversão') a qual *dimensiona um elemento material* da hipótese normativa. Da conjugação desses dois fatores resultam as três funções por ela exercidas: a) a quantificação do dever tributário; b) a adaptação do dever à capacidade contributiva do sujeito passivo; c) a definição da espécie tributária".[3]

Esclarece Misabel Derzi que a base de cálculo permite definir a espécie tributária, por ser uma propriedade do próprio fato imponível, isto é, um atributo selecionado pelo legislador para mensurar o fato descrito na hipótese de incidência.

Na verdade — continua a autora —, "a grandeza escolhida pelo legislador (que é a base de cálculo) já se encontra, velada-

---

3. In *IPTU* ..., p. 299. Misabel Derzi, outrossim, ressalta que parte da doutrina, encabeçada por Berliri, exclui da base de cálculo a função de determinar a capacidade contributiva, "simplesmente porque tal princípio não é considerado jurídico no sistema tributário brasileiro, por falta de sua consagração literal na Constituição vigente". Não obstante, sustenta a autora que, "além de a base de cálculo ser uma grandeza de mensuração e um critério definidor da natureza do tributo, desempenha o papel de determinar ou apurar a capacidade contributiva. Pensamos nesse ponto com Pérez Ayala, Alessi, Trobatas e Blumenstein" (ob. cit., pp. 255 e 256). Paulo de Barros Carvalho, de seu turno, referindo-se à base de cálculo, assevera: "A versatilidade categorial desse instrumento jurídico se apresenta em três funções distintas: a) medir as proporções reais do fato; b) compor a específica determinação da dívida; e c) confirmar, infirmar ou afirmar o verdadeiro critério material da descrição contida no antecedente da norma" (in *Curso* ..., p. 227). Aires Fernandino Barreto também acrescenta como função da base de cálculo a determinação da presença de capacidade contributiva (in *Base de cálculo, alíquota e princípios constitucionais*, p. 83).

mente, como possibilidade na hipótese da norma, por ser uma das muitas propriedades do fato. Mas é na conseqüência prescrita que *ela se revela*, que ela se exterioriza, como opção feita pelo legislador".

E pela mesma razão afirmamos que a base de cálculo também pode desempenhar a função de apurar, com o auxílio da alíquota, o montante tributário devido.

Com efeito, uma vez dimensionado o fato imponível por meio da base de cálculo, é possível, então, agora com o auxílio da alíquota, obter *in concreto* o débito tributário.

Para a criação regular de tributos deve haver correlação lógica entre a base imponível e o fato jurídico tributável, isto é, a materialidade do tributo.[4] Deste modo, não é possível que um imposto sobre o patrimônio tenha por base de cálculo a renda do seu titular, pois esta situação configuraria imposto sobre a renda, e não sobre o patrimônio.

Noutro dizer: permite a base de cálculo *in abstracto*, por exemplo, verificar se a criação de impostos sob os rótulos de IR, IPVA,

---

4. Alfredo Augusto Becker elevou a base de cálculo como único elemento capaz de definir o gênero do tributo:

"A hipótese de incidência da regra jurídica de tributação tem como núcleo: a base de cálculo; como elementos adjetivos: todos os demais elementos que integram sua composição.

"(...).

"O núcleo é a base de cálculo e confere o gênero jurídico ao tributo.

"Os elementos adjetivos são todos os demais elementos que integram a composição da hipótese de incidência. Os elementos adjetivos conferem a espécie àquele gênero jurídico tributo" (in *Teoria geral* ..., p. 339).

Paulo de Barros Carvalho, atento a esse fato, observa:

"Posição a tal ponto extremada, quer-nos parecer, exsurgiu de uma reação contundente à envelhecida *teoria de glorificação do fato gerador*, mas relega a plano secundário os dados descritores da hipótese de incidência, que passam a representar peças de inferior expressividade, circumpostas ao núcleo, matéria central para o interesse exegético.

"Estamos convictos no reconhecer à base de cálculo toda a importância necessária a um fator imprescindível para a fisionomia de qualquer tributo. Entretanto, não iremos ao limite de subtrair, com isso, à hipótese normativa, a enorme dimensão que ocupa nos esquadros lógicos da regra-matriz.

"Redizemos que hão de compaginar-se os dois elementos, segundo a diretriz constitucional a que já nos referimos, para que assome o tipo impositivo, em toda a pujança e na completude de seus componentes últimos e irredutíveis" (in *Curso* ..., pp. 225 e 226).

IPTU, dentre outros, refere-se de fato a impostos que incidem sobre a renda, sobre a propriedade de veículo automotor e sobre a propriedade imobiliária, respectivamente.

Com efeito, a inadequação da base de cálculo pode representar uma distorção do fato imponível e, assim, desnaturar o tributo.[5]

Rubens Gomes de Souza ensina que, neste caso — ou seja, não havendo correlação entre a base de cálculo e a hipótese de incidência do tributo —, deve-se preferir aquela em detrimento desta.[6] Roque Antonio Carrazza, de seu turno, entende que, não existindo correlação lógica entre o fato descrito na hipótese de incidência e a base de cálculo, o tributo foi mal-instituído, não podendo, por via de conseqüência, ser validamente exigido.

Segundo pensamos, verificada a hipótese acima — isto é, ter sido o tributo efetivamente mal-instituído —, incumbe ao interessado questionar sua constitucionalidade, quer na esfera administrativa, quer judicialmente.

A necessidade de correlação lógica entre a base de cálculo e o fato tributável, isto é, a materialidade do tributo, permite — e esta seria, a nosso sentir, outra função da base de cálculo — assegurar a observância do regime jurídico-tributário para a criação das espécies tributárias ou, mais especificamente, o atendimento dos princípios da capacidade contributiva e da reserva de competências impositivas.

Exemplificando: uma taxa exigida pelos serviços municipais de conservação de rodovias não pode tomar por base imponível o valor dos veículos ou o ano de sua fabricação, mas somente seu peso ou outras características que provoquem desgaste maior ou menor das rodovias (o que, indiretamente, vai determinar o vulto do serviço de conservação). Se a lei determinar como base de cálculo o valor do veículo, descaracterizará inteiramente a taxa, configurando imposto sobre o patrimônio.

Em outros sistemas isso pode ser irrelevante. No Brasil essa lei municipal será inconstitucional, porque imposto sobre bem

---

5. Misabel Derzi, Rubens Gomes de Souza, Paulo de Barros Carvalho, Geraldo Ataliba e Alfredo Augusto Becker não divergem quanto à assertiva de que a base de cálculo representa um critério seguro e preciso para o reconhecimento do tipo tributário.

6. In *Imposto de Indústrias e Profissões*, pp. 333 e 334.

patrimonial representado por veículo pertence exclusivamente à competência tributária dos Estados (art. 155, I, "c").[7]

No tocante ao IPTU, registrem-se, a propósito, os seguintes arestos do Superior Tribunal de Justiça:

"Tributário — IPTU — Base de cálculo — Superfície do imóvel — Situação econômica do proprietário (CTN, art. 33) — Lei municipal n. 3.999/2 de Santo André.

"É defeso ao Município adotar como base de cálculo do IPTU a superfície do imóvel ou o *status* econômico de seu proprietário (CTN, art. 33, e Lei municipal de Santo André n. 5.801/80, art. 5º)" (STJ, 1ª T., REsp 4.379, rel. Min. Humberto Gomes de Barros, j. 26.4.93, v.u., *DJU* 17.5.93, p. 9.294).

"Tributário — Taxa de limpeza pública — Legitimidade da cobrança.

"I — A taxa de limpeza pública é cobrada em função do serviço, específico e divisível, de limpeza domiciliar. O cidadão que dele se utiliza relaciona-se pessoal e diretamente com o fato gerador da taxa.

"II — O tributo em questão tem como fato gerador a remoção do lixo, não se identificando com a 'propriedade, o domínio útil ou a posse do bem imóvel, por natureza ou acessão física, como definido na lei civil, localizado na zona urbana do Município', hipótese da incidência do IPTU.

"III — *Diversamente do IPTU, que tem como base de cálculo o valor venal do imóvel*, a taxa de limpeza pública é cobrada em função do metro quadrado ou fração da propriedade.

"IV — Inexistência de ofensa aos dispositivos legais invocados.

"V — Recurso improvido" (STJ, 1ª T., REsp 91.11940, rel. Min. César Asfor Rocha, j. 23.6.93, v.u., *DJU* 16.8.93, p. 15.957) (grifamos).

Qualquer distinção elegendo como elemento do discrímen, *v.g.*, a renda do proprietário, quando se trata de IPTU, estará violando o princípio da isonomia e, de conseguinte, o da capacidade contributiva.

6.1.2 *Valor venal*

Preceitua o art. 33 do Código Tributário Nacional, referindo-se ao IPTU:

---

7. V. Roque Antonio Carrazza, *Curso* ..., p. 458, nota de rodapé n. 32.

"Art. 33. A base de cálculo do imposto é o valor venal do imóvel.

"Parágrafo único. Na determinação da base de cálculo, não se considera o valor dos bens móveis mantidos, em caráter permanente ou temporário, no imóvel, para efeito de sua utilização, exploração, aformoseamento ou comodidade."

Valor venal — ressaltam Hugo de Brito Machado,[8] Aires Fernandino Barreto[9] e Roque Antonio Carrazza — corresponde ao valor que o bem alcançaria caso fosse posto à venda em condições usuais de mercado, isto é, equivalendo ao preço de uma venda à vista, portanto sem inclusão de qualquer encargo relativo a financiamento, quando vendedor e comprador tenham plena consciência do uso a que pode servir aquele imóvel.

Andou bem o legislador do Código Tributário Nacional ao preceituar que a base de cálculo *in abstracto* do IPTU é o valor venal do imóvel, embora, diga-se de passagem, tenha invadido a esfera de competência municipal.

Com efeito, o valor venal confirma a espécie tributária instituída (IPTU), pois, sendo a materialidade do fato imponível a propriedade imobiliária, nada melhor que o valor venal do imóvel para permitir sua mensuração.

De conseguinte, após a ocorrência do fato imponível obtém-se o valor da dívida tributária multiplicando-se a alíquota cabível ao valor venal do imóvel.

O princípio da capacidade contributiva, outrossim, pode ser plenamente respeitado. Deveras, o valor venal do imóvel permite detectar a capacidade econômica do contribuinte, ainda que se trate de uma presunção. É dizer: presume-se que o proprietário de um imóvel tenha condições de arcar com o recolhimento do IPTU de acordo com o valor de seu imóvel.

No caso do IPTU, mantendo-se a base de cálculo como valor venal do imóvel, razão não haveria para se distinguir outra espécie de tributo, uma vez que o *valor* revela-se como grandeza

---

8. In *Curso* ..., p. 287.

9. In "Impostos ...", p. 366. O ilustre jurista ensina também que, havendo divergência na apuração de um mesmo imóvel, por exemplo, para fins de IPTU e de ITBI, haveria crime de responsabilidade — invocando-se, no caso, o Decreto-lei 201 —, uma vez que necessariamente, por representarem uma mesma realidade, deveriam ter sido exigidos pelo mesmo valor ("Impostos municipais", *RDTributário* 47/256).

adequada ao fato propriedade imobiliária. Noutro dizer: o valor venal do imóvel atende e satisfaz às funções da base de cálculo *in abstracto* acima referidas.[10]

6.1.3 Determinação da base imponível

Neste passo, é de grande relevância a distinção entre base de cálculo normativa ou abstrata e base de cálculo em concreto (base calculada ou base imponível).

A locução *base de cálculo* gera a mesma equivocidade da expressão *fato gerador*, não obstante ambas sejam largamente utilizadas pela legislação, doutrina e jurisprudência.

Há, porém, de se apartar duas realidades distintas igualmente designadas por base de cálculo.

Assim, utilizaremos as expressões "base de cálculo *in abstracto*", ou "base normativa", sempre que nos referirmos ao critério genérico e abstrato empregado pelo legislador para dimensionar a materialidade do fato tributário.

Doutra parte, adotaremos as expressões "base de cálculo *in concreto*", "base concretizada", "base de cálculo realizada" ou base impossível, quando tratarmos da base de cálculo obtida após a realização do fato imponível.

A base de cálculo *in abstracto* do IPTU deve ser fixada por meio de lei municipal, de forma que os princípios da legalidade e da reserva de competência tributária, constitucionalmente consagrados, sejam respeitados.

Deveras, a tarefa do legislador municipal cinge-se em definir sua base de cálculo *in abstracto*, sem olvidar que esta, por injunção constitucional, deve referir-se, de algum modo, à propriedade imobiliária.

De outra parte, tudo o mais que venha a ser necessário para a apuração da base de cálculo *in concreto* passa a ser objeto de atividade meramente administrativa.[11]

Convém mais uma vez trazer a contexto as preciosas contribuições de Aires Fernandino Barreto:

---

10. Desse teor as lições de Misabel Derzi, in *IPTU* ..., p. 299.
11. Desse teor são as ensinanças de Alberto Xavier, in *RDTributário* 13-14/

"(...) o critério de decisão, ínsito aos casos de reserva de lei formal, se esgota no definir a base de cálculo; jamais pode estender-se à base calculada.

"A base convertida em cifra, individualizada, traduzida em termos monetários, denomina-se base calculada. Situada no campo dos fatos, a base calculada não sofre a irradiação do princípio da estrita legalidade.

"A base calculada, isto é, determinada, medida, como individualização dos fatos tributários, é matéria fática, detectável pelo lançamento. É dizer: pelo ato de aplicação da norma material ao caso concreto, a cargo da Administração.

"Em observância ao princípio da estrita legalidade, à lei se reserva — na instituição do tributo — o dizer qual a base de cálculo, o descrever, como tal, a renda líquida, o preço do serviço ou o valor venal. Subordinam-se ao princípio da estrita legalidade, igualmente, quaisquer alterações desses conceitos normativos, configuradoras de aumento de tributo. Assim, por exemplo, a nova definição de renda líquida, de preço do serviço ou de valor venal.

"Diversa é a questão diante de fatos tributários.

"À lei cabe definir que, *v.g.*, a base de cálculo é o valor venal, mas nunca o determinar que dado imóvel vale Cz$ 100,00.

"A investigação dos fatos, com as suas especificidades, a sua descoberta realística, é matéria de exclusiva competência do Executivo."[12]

Paulo de Barros Carvalho, outrossim, verbera que a base de cálculo *in concreto* não se encontra determinada no plano normativo. É que no plano normativo há tão-somente uma referência abstrata — por exemplo, o valor da operação ou o valor venal do imóvel. A individualização do valor, isto é, a apuração de uma quantia líquida e certa — denominada base de cálculo fáctica —, obtém-se por meio da norma individual do ato administrativo do lançamento, mediante a aplicação da lei ao caso concreto pelo agente público.[13]

Visando a fixar nossa posição quanto à questão de ser ou não a apuração da base imponível do IPTU matéria da competência privativa do Poder Executivo, julgamos conveniente recorrer às valiosas lições de Alberto Xavier.

12. In *Base de cálculo* ..., p. 107.
13. In *Curso* ..., p. 231.

E, assim o fazendo, iniciamos nosso embasamento doutrinário sintetizando o pensamento do autor quanto ao princípio da legalidade.

Alberto Xavier, um dos mais destacados monografistas sobre o tema, desenvolveu seu raciocínio, basicamente, a partir da seguinte indagação: seria o princípio da legalidade *tributária* expressão do princípio geral da legalidade da Administração ou, mais precisamente, teria conteúdo diverso resultante das concepções essenciais do Estado de Direito, nomeadamente as ligadas à idéia de segurança jurídica?

Ressalta o renomado autor que o princípio da legalidade da *Administração* é mero aspecto do princípio da legalidade da função executiva, sendo que este, por sua vez, desdobra-se em dois grandes princípios — o princípio da preeminência da lei e o princípio da reserva de lei.

Buscando zelar pela clareza das explanações, julgamos conveniente tratar em tópicos distintos os susocitados princípios.

6.1.3.1 *Princípio da preeminência da lei* — O princípio da preeminência da lei consubstancia-se numa fórmula negativa ou, dito de outro modo, numa regra de conformidade de cada ato concreto da Administração aos ditames legais, tornando-se inválido se e na medida em que contrariar uma lei material.

Convém também salientar, repisando os passos de Alberto Xavier, que, numa fase de evolução do poder administrativo, cingia-se tal princípio, prioritariamente, à defesa da vontade geral, significando uma ampla esfera de autonomia ou mero âmbito de licitude que a lei se limitava a demarcar.[14]

6.1.3 2 *Princípio da reserva de lei* — O princípio da reserva de lei, visto em sua origem, é concebido como princípio da legalidade em sentido estrito, consistente numa fórmula positiva ou regra de compatibilidade segundo a qual cada ato concreto da Administração que diretamente intervém na liberdade ou propriedade do cidadão supõe a autorização de uma lei material.[15]

14. In *RDTributário* 41/119.

15. Cumpre deixar registradas as pertinentes colocações de Roque Antonio Carrazza no que tange à expressão *reserva de lei*:

"No 'Estado de Direito', entendido como aquele em que o ente público, como qualquer pessoa, está sujeito à jurisdição e à lei, o campo de incidência

Posteriormente, desenvolveu-se no sentido de que todo e qualquer ato da Administração — e não mais apenas os que diretamente intervêm na liberdade ou propriedade do cidadão — carecem de autorização de lei material.

Tais assertivas são firmadas pela própria gênese do princípio em comento. Deveras, tendo como berço o direito tributário, passou o princípio da reserva de lei a alastrar-se para o direito penal e para todas as atividades administrativas que se consubstanciam em autênticas intervenções diretas na esfera dos particulares.

Acresce-se, ainda, que, hodiernamente, em face de imperativos do domínio econômico e social, enaltecidos por orientações políticas, chegou-se a defender uma orientação *livre da lei*, retornando-se, assim, ao princípio da preeminência da lei.[16] De conseguinte, passou-se a conceber a atividade administrativa como meio de realização de certos fins materiais, e não apenas como mera atividade de execução do Direito, o que ensejou a Alberto Xavier a observar que, de certa forma, restou robustecida a função originária de garantia da reserva de lei, isto é, enquanto tutela dos direitos subjetivos.[17]

Doutra parte, assinala o ilustre autor que no tocante ao direito administrativo *brasileiro* limita-se a exigência de lei apenas para imposição de restrições à liberdade patrimonial ou pessoal dos membros da coletividade, imperando, assim, a regra da preeminência da lei ou, em outros termos, o princípio da reserva de lei num sentido amplo (*reserva relativa de lei*, como veremos mais adiante), segundo o qual toda conduta da Administração deve ter seu fundamento positivo na lei.

desta última é quase que ilimitado. No Brasil, onde praticamente inexistem domínios que não possam por ela ser invadidos, é censurável a expressão 'reserva de lei', suscetível de induzir o estudioso menos cauto a supor, com erronia, que, entre nós, como em França, há uma repartição de competência normativa entre a lei e o regulamento (dito, por isso, independente ou autônomo).

"Por sem dúvida, muitos poucos os temas que escapam ao controle das leis, já, de revés, há matérias que só por elas podem ser versadas. É o caso da matéria referente à criação ou ao aumento de tributos" (*O regulamento* ..., p. 31).

16. Alberto Xavier (in *RDTributário* 41/119) destaca alguns dos autores que se filiaram ao entendimento de que o princípio da legalidade reveste no direito administrativo o conteúdo mínimo de uma simples regra de preeminência da lei. São eles: Huber, Wolf e Forsthoff.

17. In *RDTributário* 41/119.

Há, porém, vários tipos de reserva, conforme o critério classificatório adotado: o da fonte de produção jurídica ou o critério consistente no grau de determinação da conduta fornecido pela própria lei. Assim, sob o prisma da fonte de produção jurídica é possível discernir dois tipos de reserva de lei, quais sejam: reserva de lei *formal* e reserva de lei *material*. Já sob o prisma do grau de determinação da conduta, fornecido pela própria lei, temos uma reserva *absoluta* da lei e uma reserva *relativa* da lei.

Veja-se, com destaque.

6.1.4 Reserva de lei formal

Qualquer norma geral e abstrata, seja lei constitucional, ordinária, ou até mesmo ato regulamentar — verificável com muita freqüência na generalidade dos países —, é suficiente para autorizar a prática de atos concretos da Administração.

Dito de outro modo: exige a reserva de lei formal que o fundamento legal da conduta administrativa seja um ato normativo dotado de força de lei, ou seja, um ato provindo de órgão com competência legislativa normal e revestido da forma externa legalmente prevista.[18]

Na esfera tributária — é cediço — toda e qualquer intervenção perpetrada na propriedade por meio da tributação, dada a intensidade de sua ocorrência, carece das garantias da lei formal.

Diga-se, de passagem, que a reserva de lei formal, no direito tributário, teve sua origem na idéia de autotributação — regra da necessária votação dos tributos por assembléias representativas. Com a propagação dessa idéia, acolheu-se nos demais ramos do Direito a reserva de lei formal, todavia agora com uma dupla função de garantia: proibição do costume e do regulamento. É dizer: passou-se a exigir lei escrita e estrita vinculação do Poder Legislativo, por ser este órgão, em face de sua composição e da sua atividade disciplinada, o mais adequado para afastar decisões arbitrárias do poder na esfera de propriedade dos particulares.

6.1.5 Reserva de lei material

Identifica-se, consoante se infere dos ensinamentos de Alberto Xavier, com o princípio da preeminência da lei, trazido a contexto em item precedente.

---

18. Alberto Xavier, in *RDTributário* 41/120.

6.1.6 Princípio da tipicidade e da especificidade

Convém, outrossim, deixarmos sintetizadas as lições de Misabel Derzi a respeito do princípio da tipicidade.

Manoel Gonçalves Ferreira Filho considera básicos os direitos à vida, à liberdade, à segurança jurídica e à propriedade.[19]

Todavia, salienta Misabel Derzi que a segurança jurídica também tem sentido de garantia ou de instrumento de manutenção de outro bem jurídico como a vida, a liberdade ou a propriedade, sendo a legalidade — como limitação às fontes de criação jurídica — direito derivado da liberdade e, sobretudo, garantia constitucional.

Ao tratar do princípio da legalidade, em especial, Misabel Derzi desenvolve seu pensamento a partir da concepção de que o Estado de Direito liga-se à idéia de democracia e de contenção do arbítrio, tornando-se a lei o caminho mais idôneo para se alcançar a segurança jurídica, tida como um bem em si. Dessa forma, anterioridade, previsibilidade, irretroatividade, jurisdição, processo devido e especialidade são conceitos por meio dos quais se traduz um dos fins objetivados no Estado de Direito: a segurança jurídica.

Ocorre que a segurança jurídica, na maior parte dos países, dentre os quais se inclui o Brasil, esteia-se na limitação das fontes formais de criação jurídica, que, de seu turno, viabiliza-se somente por meio da separação e do equilíbrio das funções estatais. Tratamento diverso recebe a questão nos sistemas jurídicos da *common law*, onde é bem mais acentuado o papel do magistrado. O precedente judicial, as garantias gerais de legalidade e o *due process of law*, no entanto, substituem eficazmente os demais mecanismos — próprios dos sistemas jurídicos escritos — contra o arbítrio na criação e na aplicação do Direito.

Nas ordens jurídicas escritas, porém, de que vimos tratando, o princípio da legalidade, *formalmente* considerado, é postulado geral no Estado de Direito, pois paira sobre todos os ramos do Direito, na medida em que objetiva alcançar a segurança jurídica. Apresenta-se como limitação às fontes de criação jurídica, por meio da qual afastam-se os atos normativos não emanados do Legislativo bem como os que, embora oriundos do Poder

---

19. In *Comentários à Constituição brasileira*, p. 587, e *Curso de direito constitucional*, pp. 274-285.

Legislativo, não observam limites temporais ao âmbito de validade para a aplicação das leis. Por igual razão, excluem-se como fontes de criação direta de direitos e obrigações a analogia e os costumes. Também os aplicadores do Direito recebem suas funções e competências diretamente da lei, se não da própria Constituição, assim como devem aplicá-la por meio de processo legalmente disciplinado.

Em matéria tributária, como não poderia deixar de ser, revela-se o princípio da legalidade com maior intensidade, manifestando-se também como limitação formal das fontes de criação jurídica. E, muito embora tenha sido erigida a nível constitucional, historicamente precede a legalidade tributária ao constitucionalismo do século XX. O extinto princípio da autorização orçamentária e a atual exigência da anterioridade da lei com referência ao exercício, exemplificativamente, são expressões de que a previsibilidade e a certeza do Direito constituem garantias dos cidadãos que reforçam a segurança jurídica.

Doutra parte, ainda podem ser considerados como desdobramentos do princípio da legalidade, formalmente considerado, as garantias de adequação das decisões judiciais e demais atos de aplicação da lei, os mecanismos de revisão dessas decisões adotados pelo ordenamento jurídico, assim como os dogmas de proibição de inovação ou alteração da lei por meio de atos que não sejam emanados do Poder Legislativo.

É dizer: a conformidade à lei, *v.g.*, traduz-se no princípio da legalidade formal compreendido como limitação às fontes do Direito e reforço à discriminação entre as funções estatais. Visto sob o prisma material, no entanto, o princípio da legalidade cinge-se ao conteúdo da lei e seu grau de concreção. É eqüipolente ao impropriamente chamado princípio da tipicidade. Diz-se *impropriamente* porque o termo tecnicamente correto para designar a legalidade material é *especialidade ou especificidade conceitual*.

Tipicidade, a rigor, diz respeito à criação de ordens ou tipos, por natureza flexíveis e abertos. O princípio da especialidade, de seu turno, refere-se à conceitualização fechada, criadora de classes e espécies, e, portanto, meio assecuratório mais forte da segurança — como direito — e da estabilidade das relações jurídicas.

Registre-se, por último, que, embora se apresente o princípio da especialidade como mais um reforço à segurança jurídica, não é sinônimo de adequação do fato à lei. Esta, diga-se de passagem, consiste na realização da lei prévia, fenômeno da mera obediência e correta aplicação da norma jurídica.[20]

6.1.6.1 *Princípio da legalidade na esfera tributária* —Tecidas essas considerações, vejamos, agora, o pensamento de Alberto Xavier quanto à base de cálculo dos tributos em face do princípio da legalidade.

Segundo o autor, constituindo a base de cálculo elemento essencial da norma jurídica tributária, submete-se ao princípio da legalidade ou da tipicidade. Adverte, porém, que a base de cálculo é suscetível de dois tipos de operações distintas, quais sejam, a definição de seu conceito mediante lei e a determinação de seu conteúdo por meio de ato administrativo. São suas as palavras:

"A base de cálculo dos tributos, sendo elemento essencial da norma jurídica tributária, está pois submetida ao princípio da legalidade ou da tipicidade; isto é, a Constituição exige uma reserva absoluta da lei formal no que tange a esse elemento de quantificação do tributo, tanto mais que, segundo forte corrente do pensamento jurídico nacional, a relevância da base de cálculo é tal que ela representaria o próprio núcleo da norma tributária e o critério determinante de investigação da sua natureza jurídica (cf. Alfredo A. Becker, *Teoria geral do direito tributário*, 2ª ed., 1972, pp. 338 e ss.).

"(...).

"A base de cálculo de um tributo é, pois, suscetível de dois tipos de operações distintas: a *definição* do seu conceito por via da lei e a *determinação* do seu conteúdo por ato da Administração. A definição diz respeito à base de cálculo em abstrato; a determinação, à base de cálculo em concreto ou base imponível. A definição recorta, em abstrato, de entre a pluralidade dos conceitos um princípio adequado para o efeito, aquele que servirá de base de mensuração do tributo (valor venal do imóvel, valor da renda, valor da operação mercantil, valor da mercadoria). A determinação pressupõe esgotada a fase legislativa da definição do tributo e sua base de cálculo e tem por objetivo verificar, apurar, investigar *em concreto* a realidade em que consiste o valor de certo imóvel, de certa renda, de certa operação mercantil, ou de certa mercadoria"[21] (grifos do autor).

20. Misabel Derzi, in *Direito tributário, direito penal e tipo*, pp. 88 e ss.
21. In *RDTributário* 13-14/85 e 87.

Aires Fernandino Barreto, de idêntico pensar, também sustenta que o princípio da legalidade restringe-se apenas a estipular a base de cálculo *in abstracto*, enquanto que a verificação da base calculada, por pertencer ao mundo dos fatos concretos, é apurável apenas por meio de lançamento.[22]

Melhor explicitando, a tarefa de instituir tributos, mediante a descrição de sua base de cálculo — renda líquida, preço do serviço, valor venal etc. — bem como sua majoração, mediante alterações de tais conceitos normativos, submetem-se rigorosamente ao princípio da estrita legalidade.

É que a criação *in abstracto* de tributos pressupõe a indicação, pelo legislador competente, da hipótese de incidência, da correlata base de cálculo *in abstracto* e da alíquota respectiva.

Por outro lado, tratando-se de investigar e especificar fatos tributários (por exemplo, dizer que o preço do serviço é "x" ou que o valor de determinado imóvel é "y"), não há irradiação do aludido princípio. É dizer: apurar *in concreto* a base de cálculo é matéria de competência exclusiva da Administração. E, de fato, não poderia ser de outra forma, uma vez que a aplicação da lei ao caso concreto é função típica do Poder Executivo.

Registre-se, por fim, que a Suprema Corte já pacificou o assunto no sentido de que o valor venal do imóvel só pode ser alterado por meio de lei. Veja-se a ementa do acórdão: "(...). O valor venal dos imóveis de uma cidade pode ser atualizado por lei, mas não por decreto do prefeito. O prefeito só pode corrigir monetariamente os valores já fixados de acordo com a lei anterior. Recurso extraordinário conhecido e provido" (RE 92.335-SP, *RTJ* 96/880).

Outrossim, veja-se a Súmula n. 13 do Tribunal de Alçada de São Paulo: "O Imposto Predial e Territorial Urbano só pode ser majorado por lei, sendo insuficiente a que autorize o Poder Executivo a editar Plantas Genéricas contendo valores que alterem a base de cálculo do tributo" (IUJ 344.128, Pleno, Palmital, rel. Juiz Wanderley Racy, j. 26.2.87, m.v., *JTA* 105/34).

É o que também sustentamos.

Incumbe ao Legislativo dizer apenas que a base de cálculo *in abstracto* do IPTU é o valor venal do imóvel.

---

22. In *Base de cálculo* ..., pp. 105-107.

Mas por que o valor venal do imóvel? Porque, como vimos, é a base que melhor atende ao princípio da igualdade e, de conseguinte, ao da capacidade contributiva, uma vez que consiste no critério mais adequado para se mensurar o fato descrito na hipótese de incidência tributária, qual seja, a propriedade imobiliária.

Assim, sendo a base de cálculo um elemento integrante do aspecto quantitativo da hipótese de incidência normativa tributária, deverá, nesta qualidade, estar prevista em lei.

Doutra parte, escapa da alçada legislativa a tarefa de concretizar a base de cálculo *in concreto* do IPTU, isto é, de apurar o valor venal do imóvel.

Com efeito, ao Executivo atribui-se a função de aplicar a norma ao caso concreto, e, na espécie, incumbe apurar o valor venal do imóvel para fins do aludido imposto, ainda que, para tanto, tenha que recorrer às plantas genéricas de valores.

Sobre esse mister do Executivo voltaremos a tratar no capítulo destinado ao lançamento do IPTU.

6.2 Alíquotas do IPTU

A alíquota, como já tivemos oportunidade de constatar, é um dos dois elementos integrantes do aspecto quantitativo da hipótese de incidência tributária e traz em seu bojo a relevante função de graduar o montante devido, proporcionalmente à capacidade contributiva do sujeito passivo da obrigação tributária.

Para fins de IPTU, a alíquota traduz-se numa fração do valor venal, donde a multiplicação da alíquota (fração) pelo valor venal do imóvel ensejará o *quantum* devido.

Assim, não tem a alíquota as mesmas funções da base de cálculo, mas apenas a de apurar, juntamente com aquela, o montante tributário devido.

6.3 Classificação dos impostos quanto à variação de alíquotas

Paulo de Barros Carvalho entende que a alíquota pode apresentar-se sob a forma de (a) um valor monetário fixo ou variável em função de escalas progressivas da base de cálculo, e, neste caso, cita como exemplo o valor de Cr$ 1,20 por metro linear, até

100 metros, Cr$ 2,40 por metro linear, de 100 a 300 metros, etc.; ou (b) sob a forma de uma fração (percentual ou não) da base de cálculo. Neste último caso a alíquota pode ser classificada em proporcional invariável, proporcional progressiva e proporcional regressiva. Explicita o autor: "Aparecendo em forma de fração (b), a alíquota pode ser *proporcional invariável* (por exemplo, 1/25 da base de cálculo, seja qual for seu valor monetário); *proporcional progressiva* (aumentando a base de cálculo, aumenta a proporção) ou *proporcional regressiva* (aumentando a base, diminui a proporção). Além disso, as alíquotas proporcionais progressivas podem aumentar por degraus ou escalões (caso do nosso IR-pessoa física) ou de maneira contínua e ininterrupta, até o limite máximo que a lei indicar".[23]

Geraldo Ataliba, de sua vez, asseverava, com propriedade, que todo imposto é progressivo ou regressivo e, consoante as nítidas diretrizes sociais tão bem colhidas pela Constituição da República em vigor, todos os impostos devem ser progressivos. Sendo assim, dizia o saudoso mestre que, consoante suas natureza e características — no contexto de cada sistema tributário —, alguns impostos são mais adequadamente passíveis de tratamento progressivo e outros menos. Todavia, de qualquer modo, *como todos os impostos, sem nenhuma exceção, necessariamente são baseados no princípio da capacidade contributiva, todos são passíveis de tratamento progressivo.*[24] Aliás, os impostos que não sejam progressivos — mas que tenham a *pretensão de neutralidade* —, na verdade, são regressivos, resultando em injustiça e inconstitucionalidade.[25]

---

23. In *Curso* ..., p. 236. Na lição precisa de Albert Hensel a alíquota consiste no montante devido a cada imposto. Quando se tratar de impostos que não possuem um valor como medida, a alíquota corresponde a determinada soma. Ao invés, se o valor serve de medida, a alíquota expressa-se por um percentual daquele valor. Nos sistemas progressivos há um crescimento gradativo de alíquotas. São suas palavras: "Per aliquota dell'imposta s'intende la somma di denaro da pagarsi per ogni unità d'imposta. Nelle imposte che non hanno introdotto il valore come mistura, l'aliquota consiste in una determinata somma (per ogni quintale di zucchero, ogni pachetto di fiamiferi, ogni veicolo a motore, ecc., si devono pagare 'x' marchi). Dove invece il valore serve di misura, l'aliquota si esprime per lo più in percentuali di questo valore. Nei sistemi progressivi l'aliquota dell'imposta cresce gradualmente. Il sistema di progressione a scaglioni applica perciò più aliquote per le varie parti di reddito, patrimonio, ecc., scomposto in unità d'imposta" (in *Diritto tributario*, p. 78).

24. In *RDTributário* 15/75.

25. In *Progressividade* ..., pp. 53 e 54. Cf. também Alfredo Augusto Becker, in *Teoria geral* ..., p. 544.

De semelhante pensar, assevera Misabel Derzi que a regressividade do IPTU, em função do valor ou da área do imóvel, não é juridicamente válida, sendo inconstitucional a norma que a consagrar.[26]

Ensina Aires Fernandino Barreto que os impostos podem ser classificados — sob o prisma da conseqüência, e não da causa — em proporcionais, progressivos e regressivos, na medida em que variam suas alíquotas ou suas bases de cálculo. Proporcionais são os impostos que apresentam uma alíquota fixa e uma base de cálculo variável; progressivos são os impostos cujas alíquotas aumentam na medida em que aumentam suas bases de cálculo; por último, quando são diminuídas as alíquotas conforme cresçam suas respectivas bases de cálculo têm-se os impostos regressivos.[27] Daí afirmar o autor que "a proporcionalidade e a progressividade estão ilaqueadas à alíquota e à base de cálculo".[28]

Entendemos, na verdade, que a base de cálculo *in abstracto*, quer se trate de impostos proporcionais, quer progressivos ou regressivos, é sempre invariável. Apenas sua dimensão é passível de variação.

Logo, não basta dizer que a base de cálculo é invariável nos impostos proporcionais e variável nos impostos progressivos e regressivos para justificar a classificação, pois em qualquer caso ela sempre será a mesma.

Assim, "proporcionais" — expressão que ora empregamos para nos referir aos impostos *aparentemente* proporcionais — são os impostos que apresentam uma alíquota constante, isto é, sempre a mesma, embora haja variação da dimensão da sua base imponível.

A nosso sentir, os impostos — quanto ao critério de variação da alíquota ou base de cálculo — podem ser classificados apenas em (1) aparentemente proporcionais e (2) progressivos (ou efetivamente proporcionais) e regressivos (ou efetivamente não proporcionais) — neste último caso, conforme o parâmetro que se tenha por referência.

26. In *IPTU* ..., p. 293, n. 11.

27. Cf. também Sérgio Carvalho Hederra, in *Fundamentos económicos de la legislación tributaria chilena*, pp. 92 e ss.; Antônio Berliri, in *Principios de derecho tributario*, v. II/361; Rubens Gomes de Souza, *Compêndio de legislação tributária*, p. 128.

28. Aires Fernandino Barreto, in *Base de cálculo* ..., p. 92.

Logo, é lícito afirmar que os impostos aparentemente proporcionais não atendem ao princípio da isonomia e, em especial, ao da capacidade contributiva.

Vejamos. A incidência de Imposto de Renda onde a base imponível fosse a renda líquida auferida num determinado período e a alíquota fosse invariavelmente 0,1% acarretaria, para ilustrar, a seguinte conseqüência: um contribuinte, chefe de uma grande família, sem casa própria, que ganhasse apenas dois salários mínimos teria que sacrificar o "leite" de seus filhos para recolher o imposto devido; já um milionário que tivesse uma renda mensal de R$ 700.000,00 teria que se desfazer de um de seus carros para ficar em dia com o imposto incidente sobre sua renda, não obstante dispor de maior condição econômica para ser contribuinte do imposto.[29]

Veja-se: no exemplo referido a base de cálculo *in abstracto* do Imposto de Renda é idêntica em ambas as situações, qual seja, a renda auferida num determinado período. O que, na hipótese, variou foi a dimensão da base apurada após a realização do fato imponível: a renda de cada um dos dois contribuintes.

Desta forma, depreende-se do exemplo trazido que os impostos simplesmente "proporcionais" não satisfazem, como exige a Lei Maior, o princípio da isonomia, uma vez que não incidem diferentemente sobre os contribuintes desiguais, na medida de suas desigualdades.

De outro lado, "progressivos" seriam os impostos nos quais a variação quer da alíquota, quer da dimensão ou das circunstâncias da base de cálculo, fosse efetivamente proporcional à capacidade econômica do contribuinte. E "regressivos" seriam os impostos nos quais a variação quer da alíquota, quer da dimensão ou das circunstâncias da base de cálculo, fosse efetivamente desproporcional, ou proporcional em sentido inverso à capacidade econômica do contribuinte.

Melhor explicitando: nos impostos chamados progressivos verifica-se um aumento de alíquota na medida em que aumenta a base de cálculo. Doutra parte, regressivos são os impostos que têm diminuída sua alíquota conforme cresça a dimensão da base de cálculo.

---

29. Exemplo de Roque Antonio Carrazza proferido em sala de aula no curso de graduação da Pontifícia Universidade Católica de São Paulo.

Busca-se através da progressividade das alíquotas atender ao princípio da capacidade contributiva. Daí falar-se de progressividade meramente fiscal. Da mesma forma, é possível afirmar que a regressividade das alíquotas, pela razão inversa, nesta hipótese, merecerá sempre o rótulo de inconstitucional. Dito de outro modo: quem tem mais, paga mais; quem tem menos, paga menos — não o contrário, isto é: quem tem mais, paga menos; quem tem menos, paga mais.

Verifiquemos outro exemplo para ilustrar esta hipótese.

O valor venal do imóvel é a base de cálculo do IPTU, pois, como vimos, sendo a propriedade um símbolo presuntivo de riqueza, não haveria base de cálculo mais adequada que o valor venal do imóvel para atender ao princípio da igualdade.

Questionemos, pois, caso a caso, a constitucionalidade do IPTU nos exemplos trazidos:

Primeira hipótese: se as alíquotas ficassem inalteradas, não obstante aumentasse ou diminuísse o valor venal do imóvel *in concreto*, todos que estivessem sujeitos ao recolhimento do IPTU, independentemente do valor venal em concreto de seus respectivos imóveis, submeter-se-iam a uma mesma alíquota.

Fere-se claramente o princípio da igualdade, pois, no caso do IPTU com alíquotas proporcionais, quem possuísse um imóvel altamente luxuoso — pairando sobre ele, portanto, a presunção absoluta da riqueza do seu proprietário — e, doutra parte, quem possuísse um pequeno e desvalorizado imóvel — denotando o baixo poder econômico do contribuinte — teria, tanto o primeiro quanto o segundo proprietário, de arcar com o recolhimento do IPTU apurado com base numa idêntica alíquota, por exemplo de 0,2% sobre o valor do imóvel *in concreto*.

Mas por que se estaria ferindo o princípio da isonomia? Porque alíquota única acarreta uma suposta proporcionalidade, isto é, não trata desigualmente os desiguais, na medida de suas desigualdades. Apenas as alíquotas progressivas permitem que quem tem mais pague mais do que quem tem menos, o que não se verifica no exemplo citado.

Segunda hipótese: IPTU com alíquotas progressivas. Neste caso, o imóvel que revelasse valor mais acentuado sujeitar-se-ia a alíquota mais gravosa que a de imóveis menos valorizados. Assim, enquanto para um imóvel cujo valor venal fosse R$ 1.000.000,00 a alíquota poderia ser de 0,5%, para aquele cujo valor venal fosse R$ 250.000,00 a alíquota deveria ser, *v.g.*, 0,1%.

A propósito, admitindo também a progressividade extrafiscal, entende Roque Antonio Carrazza que a alíquota do IPTU pode variar de acordo com o índice de aproveitamento do terreno, com o tipo de construção, com suas dimensões, com sua localização etc.[30] Todavia, tratando-se de imposto com caráter fiscal, sustenta o autor que a "proporcionalidade" não será suficiente para satisfazer o princípio da capacidade contributiva. E explica: "Quando dizemos 'deve proporcionalmente ser mais tributado', queremos significar que deve ser submetido a uma alíquota maior. Assim, se o imóvel urbano de 'A' vale *1.000* e o imóvel urbano de 'B' vale *10.000* e o primeiro paga *1* e o outro, *10*, ambos estarão pagando, proporcionalmente, o mesmo imposto, o que fere o princípio da capacidade contributiva. A Constituição exige, *in casu*, que 'A' pague *1* e 'B' pague, por hipótese, *30*, já que, só por ser proprietário do imóvel mais caro, revela possuir maior capacidade contributiva do que 'A'. Se ambos forem tributados com alíquotas idênticas, estarão sendo tratados desigualmente, porque em desacordo com a capacidade contributiva de cada qual".[31]

Assim também pensamos. Apenas a fixação de diferentes alíquotas, ou de alíquotas variáveis ou progressivas, assegura efetivamente a proporcionalidade necessária à boa compreensão e aplicação do princípio da capacidade contributiva.

Terceira hipótese: IPTU com alíquotas regressivas, tendo como critério a dimensão da base de cálculo. Flagrantemente inconstitucional!

O valor de um imóvel luxuoso estaria sujeito a uma alíquota bem menor que a de um imóvel modesto. Observe-se: a hipótese de um imóvel que custasse R$ 1.000.000,00 e estivesse sob uma alíquota de 0,1% e outro avaliado em R$ 250.000,00 sob uma alíquota de 0,2% revelaria um IPTU regressivo. Neste caso, que tem mais estaria pagando menos em relação àquele que pouco tem.

Convém, agora, trazermos para cá as ensinanças de Misabel Derzi, para roborarmos nosso entendimento:

"Nos impostos denominados *progressivos*, igualmente a base de cálculo *não varia*. O método de conversão mantém-se o mesmo, assim como a matéria mensurada. Não obstante, as alíquo-

30. In "Impostos municipais", p. 156.
31. In *Curso* ..., p. 95.

tas mudam, crescendo à medida que crescem *as dimensões ou a intensidade de circunstâncias diversas*: área, valor ou faixas de valor, número de lotes do proprietário etc.

"Já os *regressivos*, também a base de cálculo permanece constante (mesmo método de conversão e idêntica a matéria a ser dimensionada), mas decrescem as alíquotas, à medida que aumentam as dimensões ou intensidades de circunstâncias ou fatores considerados pelo legislador como critério para sua aplicação (valor, área, número de lotes do proprietário etc.).

"(...).

"Evidentemente, tanto nos impostos progressivos como nos regressivos a base de cálculo fica inalterada. O que varia, oscilando para mais ou para menos, é a alíquota. Razão pela qual os impostos progressivos e regressivos são, simplesmente, aqueles cujas alíquotas crescem ou decrescem em decorrência de certas circunstâncias previstas em lei.

"(...).

"Concluímos, portanto, que as alíquotas só prestam a quantificar o dever tributário, graduando-o nos limites da capacidade contributiva."[32]

Mas há também a chamada *progressividade extrafiscal*, onde o fim visado prioritariamente pelo Estado deixa de ser o mero abastecimento dos cofres públicos, via tributação e mediante o respeito ao princípio da capacidade contributiva.

Com efeito, tratando-se de impostos com natureza extrafiscal, progressivos seriam aqueles impostos que têm majorada sua alíquota em face de determinadas circunstâncias, independentemente de ter ou não sido alterada a dimensão da base de cálculo, pois a finalidade, aqui, limitar-se-ia a atingir preponderantemente efeitos extrafiscais: incentivar ou desestimular certos comportamentos.

Logo, não poderia ser vedado, nesta hipótese, o emprego de alíquotas regressivas, ou seja, quando se tem em mira atingir fins extrafiscais.

---

32. In *IPTU* ..., pp. 291, 292 e 294. Rubens Gomes de Souza, não obstante, entende que o imposto progressivo, na realidade, é imposto proporcional, uma vez que é majorado proporcionalmente ao valor da matéria tributada. Esta progressão, segundo o conceituado jurista, classifica-se em simples e graduada (in *Compêndio de legislação tributária*, p. 171).

As alíquotas do IPTU devem ser variáveis[33] (gradativas) quer para fins meramente fiscais, quer para fins preponderantemente extrafiscais. Vêm expressas sempre em porcentagem, a qual, fixada em lei, pode ser maior ou menor, mas não pode imprimir ao tributo feições confiscatórias, sob pena de se burlar o art. 150, IV, do Texto Maior.

A graduação das alíquotas do IPTU, quer para preservar princípio da capacidade contributiva, quer para o atingimento de finalidades extrafiscais, ensejou diversas classificações doutrinárias, sobre as quais falaremos nos próximos capítulos.

33. A expressão "variações da alíquota" é empregada por Alfredo Augusto Becker, in *Teoria geral* ..., p. 343.

7
PROGRESSIVIDADE FISCAL

7.1 Variação de alíquota do IPTU — Restrições constitucionais. 7.2 Princípio da isonomia. 7.3 Princípio da capacidade contributiva: 7.3.1 Natureza jurídica — 7.3.2 Capacidade contributiva e progressividade. 7.4 Progressividade fiscal e impostos reais: 7.4.1 Generalidade, uniformidade e progressividade. 7.5 Progressividade fiscal e proporcionalidade. 7.6 Considerações finais. 7.7 Conclusão.

Linhas atrás verificamos que as alíquotas dos impostos podem ser proporcionais, progressivas ou regressivas, consoante se apresentem invariáveis ou variáveis a dimensão ou as circunstâncias da base de cálculo.

Observamos também, *en passant*, que a progressividade pode ser classificada, quanto aos fins perseguidos, em fiscal e extrafiscal. No primeiro caso quando se busca, via tributação, apenas abastecer os cofres públicos. Na progressividade extrafiscal, doutra parte, preponderam outros fins que não os meramente arrecadatórios. Restringir-nos-emos, neste ponto, a tratar da progressividade fiscal do IPTU.

7.1 Variação de alíquota do IPTU — Restrições constitucionais

A competência tributária municipal para fixar alíquotas do IPTU, segundo pensamos, sofre restrições constitucionais, ainda que estas não sejam expressas como o são as que dizem respeito a vários impostos federais e estaduais (ICMS, ITBI, IPI etc.).

Todavia, compreende-se essa "escassez" de limites expressos impostos ao legislador municipal em face das peculiaridades de cada Município.

De fato. As limitações que ora propugnamos terem sido acolhidas pela Lei Maior no tocante ao IPTU decorrem da aplicação dos princípios da capacidade contributiva e da função social da propriedade ou, de forma mais genérica, também dos princípios da isonomia e da vedação do confisco. Essas limitações, como veremos a seguir, proporcionam a graduação de alíquotas de forma a assegurar a observância dos ditames constitucionais.

7.2 Princípio da isonomia

Ensina-nos Lucia Valle Figueiredo que "pelo princípio da igualdade as desigualdades naturais terão de ser corrigidas pelo legislador". Em outro falar, afirma a autora, as "condições que possibilitem igualdade real podem e devem ser perseguidas".[1]

Realça, oportunamente, Humberto Medrano Cornejo que "la existencia de igualdad equivale a la de privilegio".[2]

Queremos salientar, por ora, que o princípio da igualdade, fundamentalmente, impõe um tratamento desigual aos desiguais na medida de suas desigualdades.

Tal princípio é de suma importância não só na esfera tributária, assim como em todos os demais ramos do Direito.

Em matéria de impostos exige o princípio da igualdade que seja observado um outro princípio dele derivado — o da capaci-

---

1. In "Princípios de proteção ao contribuinte: princípio de segurança jurídica", *RDTributário* 47/56. Álvaro Rodriguez Bereijo, outrossim, ressalta que as exigências de igualdade e da não-discriminação "en el ámbito tributario, en que entra en juego de modo preferente la justicia distributiva en el reparto de las cargas públicas, obliga a un trato desigual ante la ley para realizar la igualdad material real y efetiva" (in "El sistema tributario en la Constitución (los límites constitucionales del poder tributario en la jurisprudencia del Tribunal Constitucional)", *RDTributário* 59/31).
2. In *Derecho tributario*, p. 91. Outrossim, verbera Celso Antônio: "(...) não basta a exigência de pressupostos fáticos diversos para que a lei distinga situações sem ofensa à isonomia. Também não é suficiente o poder-se argüir fundamento racional, pois não é qualquer fundamento lógico que autoriza desequiparar, mas tão-só aquele que se orienta na linha de interesses prestigiados na ordenação jurídica máxima. Fora daí ocorrerá incompatibilidade com o preceito igualitário" (in *O conteúdo jurídico do princípio da igualdade*, p. 43). Santi Romano, outrossim, leciona: "Tal princípio, por um lado, é norma que o legislador deve ter presente para que não estabeleça a distinção do povo em classes, abolida pelo Estado Moderno, e, por outro lado, é regra de interpretação segundo a qual a desigualdade não pode ser presumida, mas deve resultar positivamente" (in *Princípios de direito constitucional geral*, p. 136).

dade contributiva —, razão pela qual sobre ele discorreremos num item à parte, com maior vagar.

Aliás, mostra Posadas-Belgrano que o princípio da igualdade significa que o sujeito passivo do imposto deve receber um tratamento proporcional às suas possibilidades econômicas, sendo que a melhor forma de assegurar esse tratamento isonômico se dá através da progressão de alíquotas. Diz o autor:

"Cuando se considera la igualdad ante el impuesto teniendo en cuenta el sacrificio igual del contribuynte, la imposición debe graduarse de acuerdo con la capacidad económica del sujeto pasivo.

"El principio de igualdad consiste, pues, en que todas las personas sujetas a la potestad financiera del Estado reciban un tratamiento proporcionado a sus posibilidades económicas, cuando sean idénticos los presupuestos de hecho que dan nacimiento a la obligación de impuesto.

"Se obtiene el resultado cuando todos los contribuyentes son tratados igualmente de acuerdo a su capacidad económica, es decir, cuando su contribución a los gastos del Estado se proporciona a los recursos de cada uno. La mejor forma de realizar esa proporción que puede darse, es la progresión en la tasa de los impuestos."[3]

---

3. In *Derecho tributario*, p. 238. A expressão *capacidade contributiva* evolui a ponto de identificar-se cada vez mais com os ideais de justiça e igualdade na tributação, tornando-se, a final, sinônimo de justiça tributária. Desse teor as lições de Emílio Giardina (in *Le basi teoriche del principio della capacità contributiva*, p. 5) e Mises (in *Human action*, p. 706). Salienta, outrossim, Ernesto Lejeune Valcárcel que a justiça tributária não depende apenas da observância do princípio da capacidade contributiva, uma vez que o sistema tributário consagra também a igualdade e a progressividade. E não se trata de mera igualdade formal, mas sim de igualdade de fato, devendo-se integrar tal noção ao conceito de justiça tributária, na qual a tributação extrafiscal, além da igualdade de fato, busca, também, outros fins distintos igualmente exigidos por ela. Registremos suas palavras: "(...) la justicia del tributo no se hace depender del escrupuloso respeto a la capacidad contributiva, sino que el sistema tributario esté inspirado en las ideas de igualdad y progresividad. Y ya hemos explicado suficientemente que igualdad, en nuestra Constitución, no puede ser sólo igualdad formal, sino igualdad de hecho, noción ésta que, por tanto, debe integrar también el concepto de justicia tributaria, con lo cual la tributación extrafiscal con fines de igualdad de hecho, u otros distintos (pero respetando ésta), no sólo no es ajena a la justicia tributaria (ni mucho menos está en contradicción con ella), sino que viene imperativamente exigida por la misma" (in "Aproximación al principio constitucional de igualdad tributaria", *RDTributário* 15-16/74).

Em suma, apenas e somente por força do princípio da igualdade se torna imprescindível o respeito ao princípio da capacidade contributiva, mediante a instituição de impostos com alíquotas progressivas.

Frisa Elizabeth Nazar Carrazza que a progressividade é admissível em todos os impostos, ainda que nem sempre haja previsão expressa na Lei Maior, pois consiste num precioso instrumento de se atender ao princípio da isonomia. Vejamos as palavras da ilustre autora:

"(...) a progressividade das alíquotas é aplicável a todos os impostos e não somente ao Imposto de Renda, como querem alguns.

"Em verdade, a progressividade é uma característica de todos os impostos, da mesma forma que a todos eles se aplicam os princípios da legalidade, da generalidade e da igualdade tributária, que não são expressamente referidos na Constituição Federal, quando traça suas hipóteses de incidência genéricas. Inexistindo progressividade descumpre-se o princípio da isonomia, uma vez que, como visto, a mera proporcionalidade não atende aos reclamos da igualdade tributária."[4]

Deveras, não temos dúvida em afirmar que o princípio da capacidade contributiva, que decorre do princípio da isonomia, é inerente à instituição e majoração dos impostos que tenham natureza fiscal, o que acarreta, por via de conseqüência, a progressividade de suas alíquotas.

7.3 Princípio da capacidade contributiva

O regime jurídico-constitucional dos tributos impõe a observância de determinados princípios, os quais, em matéria tributária — insista-se —, constituem desdobramentos do princípio da isonomia, expressamente consagrado pela Lei das Leis no *caput* de seu art. 5º. E, fazendo-se breve digressão, há de se mencionar que o princípio da isonomia deriva, de seu turno, dos princípios federativo e republicano.[5]

---

4. In *IPTU e progressividade* ..., p. 104.

5. A propósito, sintetiza Antônio José da Costa: "A adoção do federalismo, como a forma do Estado brasileiro, assume importância fundamental, no ordenamento jurídico. Nas mesmas condições, o governo republicano tem o seu realce peculiar. Enfim, o intérprete não pode se distanciar da ótica da repú-

Compreende-se, assim, a razão pela qual cada espécie tributária apresenta um princípio informador peculiar. O princípio da capacidade contributiva é, por determinação constitucional, princípio informador dos impostos.

Alfredo Augusto Becker[6] elucida que qualquer fato lícito pode constar na hipótese de incidência tributária, independentemente de consistir ou não num signo presuntivo de riqueza, salvo, todavia, nos sistemas jurídicos que, como o nosso, consagram o princípio da capacidade contributiva para a instituição de tributos.

A propósito, o pranteado Geraldo Ataliba entendia que a expressão *capacidade econômica* implica "real possibilidade de diminuir-se patrimonialmente o contribuinte, sem destruir-se e sem perder a possibilidade de persistir gerando riqueza como lastro à tributação. A violação dessa — pelos excessos tributários — configura confisco, constitucionalmente vedado (além de suprema inconstitucionalidade)". De conseguinte, acrescenta o autor, nossa Constituição Republicana não induz necessidade de laborar distinção entre capacidade contributiva e capacidade econômica, pois, nesse contexto, são expressões equivalentes.[7]

Diga-se, de passagem, que o princípio segundo o qual o contribuinte deve colaborar com os gastos públicos em razão de sua força econômica é antiquíssimo, sendo que a expressão *capacida-*

---

blica federativa quando pretende fazer a integração da norma. Federalismo e república se sobrepõem a qualquer outro princípio, subjugando o legislador, que não pode alterá-los por determinação da própria Constituição" (cf. *Da regra-padrão de incidência ...*, p. 4).

6. Diz o autor: "(...) qualquer fato jurídico (ato, fato ou estado de fato) lícito ou qualquer fato econômico lícito pode configurar a hipótese de incidência da regra jurídica tributária. Se este fato lícito deve, ou não necessita, consistir num signo presuntivo de capacidade contributiva não tem qualquer relevância no plano jurídico (no plano pré-jurídico da Ciência das Finanças Públicas é da mais fundamental importância), salvo naqueles sistemas jurídicos em que há regra jurídica constitucional prescrevendo a necessidade dos tributos serem cobrados conforme a capacidade econômica do contribuinte. Nos países em que houver tal regra jurídica constitucional, ela esvaziará de juridicidade a lei tributária que tomar por hipótese de incidência fato não presuntivo de capacidade contributiva ou regular a alíquota do tributo desprezando esta presumível capacidade. A lei tributária vazia de juridicidade não pode incidir porque não é regra jurídica, mas simples proposição gramatical" (in *Teoria geral ...*, p. 296).

7. In *RDTributário* 15/76.

de *contributiva* é até mais antiga que a própria Ciência das Finanças.[8] Além de antiga, a locução é ambígua e tautológica — ressalta Alfredo Augusto Becker, apoiado em Dalton, Giardina, Savatier e G. Burdeau —, não obstante consista numa equivocidade constitucionalizada.

A Constituição da República brasileira em vigor, na Seção I do capítulo pertinente ao Sistema Tributário Nacional, dispõe sobre princípios gerais, dentre os quais destaca-se o princípio da capacidade contributiva em apreço, previsto no § 1º do art. 145, que ora reproduzimos: "§ 1º. *Sempre que possível, os impostos terão caráter pessoal e serão graduados segundo a capacidade econômica do contribuinte*, facultado à administração tributária, especialmente para conferir efetividade a esses objetivos, identificar, respeitados os direitos individuais e nos termos da lei, o patrimônio, os rendimentos e as atividades econômicas do contribuinte" (grifou-se).

A Constituição de 1946 também consagrava o princípio da capacidade contributiva, de forma que deveriam ser variáveis as alíquotas dos impostos.

Com efeito, exige o princípio da capacidade contributiva que os impostos sejam progressivos, isto é, tenham suas alíquotas majoradas na medida em que aumenta a dimensão da base de cálculo.

É que, aumentando-se a dimensão da base imponível, presume-se que o sujeito passivo da obrigação tributária tenha maior capacidade econômica em relação aos demais contribuintes, merecendo, pois, uma tributação desigual, para que todos tenham tratamento isonômico.

7.3.1 *Natureza jurídica*

A ambigüidade da locução *capacidade contributiva* — a que se refere Becker — advém do fato de ela se encontrar desprovida de qualquer outra especificação, além de não oferecer nenhum critério identificativo da prestação tributária ou de adequação às prestações de todos os contribuintes, assim como não ter aptidão para informar se há ou quais seriam os limites à imposição da carga tributária. Daí afirmar Becker que se trata de *recipiente vazio que pode ser preenchido pelos mais diversos conteúdos*.[9]

8. Alfredo Augusto Becker, in *Teoria geral* ..., p. 438.
9. In *Teoria geral* ..., p. 439.

Dentre os efeitos nocivos que tal expressão acarreta destaca-se a enorme dificuldade para desvendar a natureza jurídica da regra constitucional que acolhe o princípio da capacidade contributiva.

Aliás, chegaram a se formar duas correntes doutrinárias frontalmente opostas, que, na verdade, pecam pelo excesso, (1) uma sustentando sua natureza programática, (2) outra pugnando pela natureza de genuína regra jurídica.

A primeira corrente, majoritária, entende que se trata de mera orientação ao intérprete ou aplicador da lei, portanto de regra jurídica vazia de juridicidade, desprovida de coercibilidade, de forma que nem o legislador e nem o juiz encontram-se a ela vinculados.

A segunda, noutro extremo, entende que referida regra constitucional dirige-se tanto ao legislador ordinário quanto ao próprio magistrado no caso *sub judice*.

É dizer: o legislador infraconstitucional deve, necessariamente, levar em consideração o aludido princípio. E não poderia ser de outro modo, uma vez que são tributos não-vinculados a uma atividade estatal especificamente dirigida ao contribuinte, cuja hipótese de incidência engloba apenas fatos presuntivos de riqueza, ou seja, reveladores da capacidade econômica do contribuinte. Quanto a isso não resta dúvida.

Poder-se-ia questionar, no entanto, se o princípio da capacidade contributiva deveria também ser levado em conta pelo aplicador da lei no momento de sua exigibilidade.

Em face desse entendimento antagônico, extremado, reconheceu-se a necessidade de enfocar o princípio da capacidade contributiva sob dois prismas distintos, a saber:

"(...) *objetivamente* encarado, o princípio da capacidade contributiva nada mais consubstancia que a *exteriorização de riquezas*, capazes de suportar a incidência do ônus fiscal. Consistindo a tributação numa absorção da renda ou do patrimônio particulares, onde inexistam estes, materialmente impossível será exercer-se o poder tributário.

"Uma vez verificada a existência de valores tributáveis, entra em cena a capacidade contributiva *subjetiva*, a fim de determinar qual a *proporção* da renda ou patrimônio que deve ser absorvida pela tributação, levando-se em conta fatores econômicos individuais. Daí a progressividade e a personalização dos tributos, em função do valor da atividade tributada, dos encargos familiares do contribuinte, das relações de parentesco nas transmissões *causa mortis*, e de tantas outras."[10]

Saliente-se ainda, por oportuno, a distinção feita pelo acatado Paulo de Barros Carvalho no que diz respeito ao princípio da capacidade contributiva. Segundo o autor, é possível visualizar este princípio, basicamente, sob dois enfoques, ou, melhor dizendo, em dois momentos distintos.

Assim, ter-se-ia o princípio pré-jurídico da capacidade contributiva objetiva ou absoluta, consubstanciado na faculdade atribuída ao legislador infraconstitucional para selecionar os fatos presuntivos de riqueza, portanto juridicamente aptos para integrar a hipótese de incidência dos impostos.

Por outro lado, haveria também o princípio da capacidade contributiva relativa ou subjetiva, quando, então, o legislador buscaria dimensionar aquele fato selecionado, acima referido, com o fim de constituir o montante tributário devido. Vejamos suas palavras:

"(...) realizar o princípio pré-jurídico da capacidade contributiva absoluta ou objetiva retrata a eleição, pela autoridade legislativa competente, de fatos que ostentem signos de riqueza; por outro lado, tornar efetivo o princípio da capacidade contributiva relativa ou subjetiva quer expressar a repartição do impacto tributário, de tal modo que os participantes do acontecimento contribuam de acordo com o tamanho econômico do evento.

"A segunda proposição, transportada para a linguagem técnico-jurídica, significa a realização do princípio da igualdade, previsto no art. 5º, *caput*, do Texto Supremo. Todavia, só se torna exeqüível na exata medida em que se concretize, no plano pré-jurídico, a satisfação do princípio da capacidade contributiva absoluta ou objetiva, selecionando o legislador ocorrências que demonstrem fecundidade econômica, pois apenas desse modo terá ele meios de dimensioná-las, extraindo a parcela pecuniária que constituirá a prestação devida pelo sujeito passivo, guardadas as proporções do acontecimento."[11]

10. Antônio Roberto Sampaio Dória, in *Direito constitucional tributário e "due process of law"*, pp. 181 e 182.

11. In *Curso* ..., p. 234. Desse teor as lições de Sampaio Dória, que também, a final, adverte: "Se já é tarefa ingente e ingrata ao legislador a de graduar os níveis da tributação para cada caso, como admitir ainda a interferência do

Sintetizando essas lições, temos que o princípio da capacidade contributiva, sob o prisma objetivo, cinge-se aos fatos presuntivos de riqueza selecionados pelo legislador ordinário para figurar no antecedente da hipótese de incidência dos impostos.

Sob o aspecto subjetivo revela-se o princípio da capacidade contributiva, *v.g.*, quando o legislador ordinário estabelece alíquotas progressivas considerando fatores econômicos individuais.

Deste modo, em ambas as hipóteses acima mencionadas dirige-se o princípio da capacidade contributiva ao legislador infraconstitucional.[12]

Daí verberar Becker que o juiz está vinculado à regra constitucional consagradora do princípio da capacidade contributiva apenas e tão-somente para perquirir se *em tese* — isto é, sem que haja qualquer relação com um determinado contribuinte — a hipótese de incidência da regra jurídica tributária revela-se como um signo presuntivo de renda ou de capital.

Deste modo, diante de um caso concreto individual, ainda que exista prova evidente da inexistência de capacidade contri-

Judiciário nessa matéria puramente discricionária, introduzindo-se novos critérios e valores em deliberação já de si tão complexa? Destarte, o exame da constitucionalidade da ação legislativa em face da capacidade contributiva oscila entre a apuração da absoluta inexistência de capacidade contributiva e a de sua destruição, por exacerbado economicamente o imposto a graus ou alíquotas de incidência insuportáveis. No vasto campo balizado por essas raias, a discrição legislativa deve se conservar imune a qualquer contra-ordem judiciária. A interpretação construtiva do ordenamento constitucional ofereceria apenas aqueles dois pontos extremos para o contraste dos dispositivos de lei ordinária, que se reputem infringentes à diretriz da capacidade contributiva. E só naquelas hipóteses, em conseqüência, revestiria o caráter de um comando diretivo endereçado ao legislador e também ao juiz. No mais, é programática, dizendo respeito apenas ao legislador. A pressão tributária excessiva é, em síntese, problema exclusivamente político, não jurídico" (in *Direito constitucional* ..., pp. 181-183).

12. A respeito do princípio da capacidade contributiva, asseverou Alfredo Buzaid: "Esse dispositivo trouxe uma modificação profunda e substancial no direito tributário brasileiro, porque elevou à eminência de garantia constitucional o princípio de que o imposto há de atender à capacidade econômica do contribuinte, isto é, ser justo e razoável. Não se cuida de uma regra programática, contendo simples recomendação ao legislador ordinário, mas do estabelecimento de um critério rígido, de cuja inobservância resulta a inconstitucionalidade do tributo. Ou se dá esta exegese ao dispositivo constitucional, ou ele será vazio de conteúdo; em outras palavras, letra morta" (in "Impostos de indústrias e profissões no Município de São Paulo", *RT* 322/16.

butiva — renda ou capital abaixo do mínimo indispensável —, jamais poderá o magistrado deixar de admitir a incidência da norma tributária. É, pois, suficiente a mera ocorrência do *fato signo presuntivo* de renda ou de capital acima do mínimo indispensável para que se possa constatar ter ocorrido a incidência da regra jurídica, com a conseqüente irradiação de seus efeitos jurídicos.[13]

Doutra parte, cuidando-se do princípio da capacidade contributiva relativa ou subjetiva, também não cabe ao magistrado apreciar os critérios utilizados pelo legislador, desde que não tenha extrapolado sua esfera de discricionariedade.

Assim, ainda que, diante de um caso concreto, constate o juiz que a hipótese de incidência, excepcionalmente, não confirmou a referida presunção, deverá de qualquer forma aplicar a regra jurídica tributária. Ou seja, não poderá desprezar sua incidência e a conseqüente existência do dever de pagar o tributo, sob pena de inverter toda a fenomenologia jurídica. Noutros termos, tal regra jurídica tributária, assim como qualquer outra, tem uma estrutura lógica e uma atuação dinâmica *idêntica à das regras jurídicas que estabelecem presunção "juris et de jure"*.[14]

Demais disso, são de fato imbatíveis os argumentos trazidos por Alfredo Augusto Becker: "Permitir que o juiz, em cada caso concreto singular e sob o fundamento acima indicado, 'deixe de aplicar' a lei tributaria significa: a) perder toda a certeza e praticabilidade do Direito; b) desconhecer que a criação da regra jurídica necessariamente deforma a realidade e lhe imprime um determinismo artificial; c) substituir o Direito pela Moral; d) confundir validade e justiça da regra jurídica; e) inverter toda a fenomenologia jurídica, pois a referida regra jurídica tributária tem estrutura lógica e atuação dinâmica idênticas à da regra jurídica que estabelece presunção *juris et de jure*".[15]

Em suma, Becker, acompanhado, dentre outros, por Roque Antônio Carrazza, entende que o magistrado só poderá questionar eventual ofensa ao princípio da capacidade contributiva ao apreciar apenas em tese a hipótese de incidência de determinado imposto.[16]

13. Becker, in *Teoria geral* ..., p. 480.
14. In *Teoria geral* ..., pp. 554 e 555.
15. In *Teoria geral* ..., p. 446.
16. A propósito, assinala Roque Antonio Carrazza: "a capacidade contributiva, à qual alude a Constituição e que o legislador ordinário deverá neces-

Amílcar Falcão ensina que, assim como ocorre com a isonomia objetiva, "também o princípio da capacidade econômica inserto nas Constituições é programático diretivo ou diretório (*directory provision*), endereçando-se antes ao legislador do que à Administração ou ao Judiciário e dependendo a sua concreta invocação pelo intérprete e pelo aplicador de princípios de atuação e de regulamentação a serem traçados pela lei".[17]

Outrossim, perfilha o aludido entendimento o professor Eduardo D. Botallo. Robora o autor:

"Em princípio, a capacidade contributiva é uma regra que deve vincular o legislador ordinário e não o juiz. E não compete ao juiz deixar de aplicar a regra tributária, levando em consideração a situação individual de cada contribuinte. Em outras palavras, mesmo que o juiz reconheça que no caso concreto aquela aplicação da lei possa eventualmente significar uma negativa à capacidade contributiva individual de cada contribuinte, não obstante ele deverá propiciar plena aplicabilidade à regra tributária, desde que essa regra tenha sido eleita com respeito a esses fatos signo presuntivos de renda, de patrimônio, de atividade econômica, acima do mínimo indispensável.

"A declaração de inconstitucionalidade somente poderá ser alcançada em sede do Poder Judiciário, na hipótese de que esses fatos signo presuntivos estejam ausentes da formulação da regra jurídica que vai eleger a hipótese de incidência dos impostos."[18]

Valdir de Oliveira Rocha[19] igualmente entende que o princípio da capacidade contributiva é dirigido ao legislador, cabendo, no caso de sua inobservância, ação direta de inconstitucionalidade por omissão por quem possa propô-la, ou mandado de injunção, de iniciativa do contribuinte.

---

sariamente levar em conta, ao criar os impostos de sua competência, é objetiva, e não subjetiva. É objetiva porque se refere não às condições de riqueza do contribuinte individualmente consideradas, mas, sim, às manifestações objetivas de riqueza do contribuinte: ser proprietário de um imóvel, ter um automóvel, operar em Bolsa, praticar operações financeiras, prestar, em caráter negocial, um serviço de qualquer natureza, praticar uma operação mercantil, e assim por diante. É aquilo que o saudoso tributarista Alfredo Augusto Becker, em seu hoje clássico livro *Teoria geral do direito tributário*, chamava, com muita propriedade, de fatos signos presuntivos de riqueza" (in *RDTributário* 64/45 e 46).

17. In *Fato gerador* ..., p. 30.
18. In "Capacidade contributiva", *RDTributário* 47/239.
19. In *Determinação do montante do tributo*, pp. 76 e 77.

Aliomar Baleeiro, no entanto, sustentava que tal princípio constitucional aplicava-se também ao juiz. Não obstante, como a maior parte dos doutrinadores brasileiros entendesse diversamente, obstaculizava-se, de certa forma, às tentativas do Judiciário de amenizar o impacto tributário excessivo.[20]

Posicionamo-nos no sentido de que a observância do princípio da capacidade contributiva dirige-se exclusivamente ao legislador infraconstitucional, de forma que *apenas em tese* poderá o Judiciário verificar eventual violação ao princípio da capacidade contributiva, seja sob o prisma objetivo, seja sob o aspecto subjetivo.

Mas por que haveria de ser assim? Ora, não se pode olvidar a forma que o Direito encontrou para disciplinar o comportamento humano ou, mais precisamente, o meio mais adequado para a criação de impostos. Com efeito, o legislador seleciona fatos da vida real – fatos estes presuntivos de riqueza — cuja ocorrência em concreto enseja o nascimento da obrigação tributária.

20. Doutra lado, pondera Regina Helena Costa que é dado ao aplicador da lei levar em conta, diante do caso concreto, a capacidade econômica relativa do contribuinte. São suas as palavras:

"(...) acreditamos ser permitido ao Poder Judiciário examinar *in concreto* o excesso de carga fiscal incidente sobre determinado contribuinte. Admitida a noção de capacidade contributiva relativa ou subjetiva, traduzida na aptidão específica de dado contribuinte em face de um fato jurídico tributário, lógico reconhecer-se ao juiz a possibilidade de apreciar se a mesma foi respeitada, à vista de pedido formulado nesse sentido.

"(...).

"Enfim, a análise da capacidade contributiva relativa, nessa hipótese, leva à mesma conclusão da inexistência de capacidade contributiva absoluta."

Segundo, ainda, o pensamento da ilustre autora, ao aplicador da lei incumbe não somente resguardar o questionado princípio diante de inconstitucionalidade positiva mas, também, quando se tratar de omissão constitucional, sempre que provocado, quer via mandado de segurança, quer por meio de mandado de injunção. Exemplifica a autora mencionando a hipótese de Imposto de Renda incidente sobre certa categoria de pessoas físicas que veda quaisquer deduções ou, "ainda que prevendo deduções com relação a dependentes, despesas médicas etc., não as autorizar pelo valor integral" (in *Princípio da capacidade contributiva*, pp. 82, 83 e 84). José Marcos Domingues de Oliveira admite que o magistrado possa afastar certos efeitos de lei que apenas em parte violasse o princípio da capacidade contributiva, por exemplo quando considera como incremento de capacidade contributiva valores correspondentes a mera atualização monetária (in *Capacidade contributiva – Conteúdo e eficácia do princípio*, p. 64).

E por qual razão são descritos fatos ou comportamentos capazes de averiguar sinais de riqueza do contribuinte? Justamente para se atender ao princípio da igualdade de todos perante a lei, que, em matéria de impostos, exige o respeito à capacidade contributiva de quem realiza o fato imponível. Ainda, por idêntica razão, deve-se tratar de uma presunção de riqueza.[21]

Exemplificando: para fins de IPTU a alíquota é aferida em função do imóvel — sua localização, dimensões, luxo, características etc. —, e não da fortuna atual de seu proprietário. Trata-se de presunção de capacidade contributiva, de modo que jamais o contribuinte poderá, alegando ausência de referida capacidade, eximir-se do pagamento do imposto, uma vez que esta se revela com a mera propriedade do imóvel.[22]

Assim — como admiravelmente acentuou Alfredo Augusto Becker[23] —, não pode o magistrado, ao seu alvedrio, alterar toda a fenomenologia da incidência normativa, rechaçando determinado mandamento normativo sempre que entendê-lo injusto ou

---

21. Sabe-se que princípio da capacidade contributiva decorre do princípio da isonomia, a respeito do qual Víctor Uckmar traçou semelhante observação: "Ninguém se iluda quanto a ser possível obter igualdade, em sentido absoluto, nas cargas tributárias, e isto não pela impossibilidade de mensuração dos sacrifícios, mas pelas dificuldades técnicas de obter tal igualdade. É necessário contentar-se com uma igualdade relativa, de modo que os indivíduos que se encontram nas mesmas condições sejam submetidos a um mesmo tratamento fiscal, porque é utópico ter esperança numa repartição absolutamente justa dos impostos entre indivíduos que não se encontram em idênticas situações" (cf. *Princípios comuns de direito constitucional tributário*, p. 85).

22. Ressalta Alfredo Augusto Becker a distinção entre presunção e ficção legal: "A regra jurídica cria uma *presunção legal* quando, baseando-se no fato conhecido cuja existência é certa, impõe a *certeza jurídica* da existência do fato desconhecido cuja existência é *provável* em virtude da correlação natural de existência entre estes dois fatos. A regra jurídica cria uma *ficção legal* quando, baseando-se no fato conhecido cuja existência é certa, impõe a *certeza jurídica* da existência do fato cuja existência é *improvável* (ou *falsa*) porque *falta* correlação natural de existência entre estes dois fatos". Todavia, adverte o autor: "A distinção entre a presunção e a ficção existe apenas no *plano pré-jurídico*, enquanto serviam de elemento intelectual ao legislador que estava construindo a regra jurídica. Uma vez criada a regra jurídica, desaparece aquela diferenciação, porque tanto a presunção quanto a ficção, ao penetrarem no mundo jurídico por intermédio da regra jurídica, *ambas entram como* ***verdades*** (realidades jurídicas)" (in *Teoria geral* ..., pp. 463 e 464).

23. Desse teor, outrossim, as lições de Kelsen: "a validade de uma ordem jurídica positiva é independente da sua concordância ou discordância com qualquer sistema de Moral" (cf. *Teoria pura* ..., p. 72).

imoral quando da apreciação *in concreto* do caso em que lhe foi solicitada a prestação de tutela jurisdicional.

Sampaio Dória, a respeito da interferência judiciária para apreciação da justeza ou conveniência dos níveis da tributação, lecionava, com o brilhantismo que lhe era peculiar: "Em verdade, não cabe ao magistrado recusar cumprimento à lei por injusta ou opressiva, mas sim apurar estritamente sua conformidade ao texto constitucional. A atuação judiciária tem de se esgotar e exaurir nesse confronto, pena de usurpar esfera privativa de outro poder, incumbido de determinações normativas cristalizadoras da opção entre valores múltiplos, com o inevitável discricionarismo que a tarefa impõe. Ao Judiciário, a análise estrita da legalidade dos atos administrativos e da constitucionalidade das leis. Ao Legislativo, a decisão da conveniência, da oportunidade e do conteúdo substancial da norma. Princípios são, estes, fundamentais em nosso direito público, sem discrepâncias nas fontes mais genuínas".[24]

Concluindo, é imperiosa a aplicação do princípio da capacidade contributiva, devendo ser afastada a idéia de que se trata de mero conselho ou simples orientação — enfim, de regra programática dirigida ao legislador e ao magistrado.

Todavia, apenas em tese deverá o Judiciário manifestar-se, sempre que provocado, sobre eventual alegação de ofensa ao princípio da capacidade contributiva em matéria de impostos.

E assim deve ser uma vez que é apenas e tão-somente o fato descrito na hipótese de incidência tributária que enseja a presunção de riqueza do contribuinte, e não outros dados buscados fora da previsão normativa, os quais, se submetidos a uma apreciação subjetiva do magistrado, poderiam ocasionar tratamento desigual a contribuintes que se encontram em situação idêntica perante a lei tributária.

7.3.2 *Capacidade contributiva e progressividade*

A alíquota do IPTU — convém ressaltar — é gradativa, de modo a satisfazer o princípio da capacidade contributiva. Diz-se progressiva sob o aspecto de que a alíquota aumenta à proporção que aumenta a dimensão da base imponível. Trata-se,

---

24. In *Direito constitucional* ..., p. 176.

então, de progressividade fiscal, pois visa ao abastecimento imediato dos cofres públicos.

Logo, o IPTU será progressivo sempre que suas alíquotas majorarem à medida que se acentuar o valor venal do imóvel.

A rigor, é lícito afirmar que todo imposto deve ser progressivo, uma vez que o princípio informador dos impostos, frise-se, é o mencionado princípio da capacidade contributiva.

Deveras, a incidência de todo e qualquer imposto de alguma forma sempre altera a situação do realizador do fato imponível. Esta é a tese predominante na doutrina (Geraldo Ataliba).[25]

Desse teor, outrossim, são os ensinamentos de Elizabeth Nazar Carrazza:

"(...) o princípio da capacidade contributiva está intimamente ligado ao princípio da isonomia. O princípio da igualdade, no Estado de Direito, é o instrumento da chamada justiça tributária. Intimamente relacionado com os princípios da legalidade e da generalidade da tributação, traduz-se, em sua formulação positiva, no princípio da capacidade contributiva. Este é um limite constitucional à atuação do legislador, na descrição do chamado fato típico tributário.

"(...).

"Em face do exposto, tem-se por incontroverso que um dos melhores caminhos para se alcançar a tão almejada justiça tributária é o da graduação dos impostos, com a estrita observância do princípio da capacidade contributiva. É através do princípio da capacidade contributiva, graduando-se os impostos, que se atinge a justiça tributária."[26]

Veja-se ainda, por oportuno, jurisprudência a respeito:

"IPTU — Progressividade — Atualização pela TRD — Taxa de expediente. O IPTU, como todos os impostos, deve ser

25. Desse sentir as lições de Roque Antonio Carrazza: "(...) todos os impostos, em tese, devem ser progressivos, exatamente para que os contribuintes recebam tratamento isonômico. A lei tributária deve ser igual para todos e a todos deve ser aplicada com igualdade; o contribuinte que se encontra na mesma situação jurídica deve receber o mesmo tratamento tributário. E, em matéria de impostos, a lei que os estruturar deverá fazê-lo de tal modo que suas alíquotas variem para mais à medida que forem aumentando suas bases de cálculo. É assim que o princípio da igualdade, em matéria tributária, se realiza" (in *RDTributário* 64/54).

26. In *IPTU* ..., pp. 50 e 51.

estruturado de modo a satisfazer as exigências do princípio da capacidade contributiva (art. 145, § 1º). Sua disciplina deve obedecer à isonomia tributária (art. 150, inciso II).

"A progressividade é aplicável a todos os impostos. A progressividade pode ser fiscal e extrafiscal. A extrafiscal urbanística depende da obediência ao art. 182 da CF. Não pode ser adotada agora. A fiscal pode e deve, porque integra a natureza e o perfil do IPTU. (...)" (TJSP, Ap. cível 193022753, rel. Des. Heitor Assis Remonti, j. 6.4.93).

Registre-se, de passagem, que a Constituição diz *sempre que possível*; portanto, é possível que haja situações em que o imposto não atenderá ao princípio da capacidade contributiva. É o que ocorre com o imposto sobre operações mercantis, ICMS, em que a carga econômica do imposto é repassada para o preço da mercadoria, de forma que quem a suporta é o consumidor final; é dizer: tal carga é idêntica para todos estes. Logo, o ICMS não atende ao princípio da capacidade contributiva; o mesmo ocorre com os chamados impostos fixos.

Vale refrisar que essa gradatividade não decorre necessariamente por força apenas e tão-somente do princípio da capacidade contributiva.

Com efeito, em algumas espécies de imposto o legislador constituinte impõe, observados certos requisitos, a variação de alíquotas visando a efeitos extrafiscais.

Aliás, há aresto do Tribunal de Justiça de São Paulo neste sentido: "IPTU — Gradualidade e progressividade — Distinção — Possibilidade. A gradualidade assegurada no § 1º do art. 145 da Constituição Federal não se confunde com a progressividade nela autorizada nos arts. 156, § 1º, e 182, § 4º, II. Aquela visa ajustar o tributo à capacidade contributiva do contribuinte, revelada no valor do bem, por presunção; esta tem sua razão de ser na função social da propriedade, não observada, e no interesse de planos urbanísticos. Possível, portanto, graduar alíquotas segundo o valor venal do imóvel apurado conforme critérios de mercado. Apelação não provida" (Ap. cível 193183985, 1ª C., rel. Des. Juracy Vilela de Sousa, j. 15.3.94, v.u. Cf. também *RT* 655/106; 616/101; 609/101; 612/118; 627/145; *RTJ* 77/184).

E, ainda: "(...). Não se confunde a progressividade do imposto no tempo, que sofre restrições constitucionais, com o escalonamento das alíquotas correspondentes, gerando mera gradualidade das mesmas e que não encontra vedação legal. Aplicação do art. 145, § 1º, da Constituição Federal. (...)" (TACivSP, 1ª C., REN 192235794, rel. Juiz Leo Lima, j. 15.12.92).

Assim, embora possam e devam ter certos impostos finalidades extrafiscais por determinação constitucional, também por respeito à Lei Maior os impostos, sempre que possível, deverão ter suas alíquotas progressivas, para atender ao princípio da capacidade contributiva.

Por igual razão, não vemos inconstitucionalidade alguma na lei municipal que eleja como critério da progressividade de alíquotas do IPTU o aumento do valor venal do imóvel.

Ao contrário, estar-se-ia atendendo ao princípio constitucional da capacidade contributiva e, de conseguinte, ao da isonomia.

7.4 Progressividade fiscal e impostos reais

Não bastassem os supracitados dispositivos, insistiu ainda a Lei Maior que os contribuintes dos *impostos* também deverão receber um tratamento igualitário: "Art. 145. (...) § 1º. Sempre que possível, os impostos terão caráter pessoal e serão graduados segundo a capacidade econômica do contribuinte (...)".

Diante dessas sucessivas transcrições, é indubitável para nós que esse artigo deve ser interpretado da maneira mais condizente a assegurar o direito do contribuinte de somente se submeter a uma tributação efetivamente justa. Por isso não acolhemos cegamente a argumentação de que esse dispositivo afasta a progressividade fiscal dos impostos reais.

Sabemos que a obrigação tributária, como toda e qualquer obrigação jurídica, consiste necessariamente num vínculo entre pessoas, isto é, entre um sujeito ativo (credor) e um sujeito passivo (devedor), nunca entre pessoa e coisa. Logo, todas as espécies tributárias terão como sujeito passivo o contribuinte, pessoa física ou jurídica, as quais deverão pagar impostos de acordo com sua capacidade contributiva, *cuja aferição poderá, conforme o caso, levar ou não em conta as condições pessoais do contribuinte.*

Continuamos convencidos de que o *sempre que possível* não excepciona essa regra (todos os impostos são pessoais), mas apenas leva em conta a existência de alguns impostos, como o ICMS e o IPI, cujos sujeitos passivos eximem-se do encargo tributário ao repassar o valor recolhido no preço da mercadoria adquirida pelo consumidor final. Em tais hipóteses, a Constituição Federal sabiamente ressalta o princípio da seletividade em função da essencialidade do produto, mercadoria ou serviço, em plena consonância com o princípio maior da igualdade.

Nesta linha de raciocínio, o *caráter pessoal* refere-se a todos os contribuintes que assumem efetivamente o encargo tributário, razão pela qual todos os impostos, com algumas ressalvas (IPI, ICMS), deverão ser informados diretamente pelo princípio da capacidade contributiva. Noutro giro, o *caráter pessoal* não foi posto ali em contraposição ao *caráter real* de alguns impostos, pois, todos os tributos e, portanto, todos os impostos, são, por esse enfoque, pessoais, já que têm no pólo passivo pessoas que assumirão efetivamente o montante tributário (regra).

Tornando ao nosso rumo, o que pretendemos demonstrar é a notória e tão efusiva preocupação do Constituinte originário em assegurar a todos aqueles que, em tese, poderão ter sua *liberdade* e *propriedade* cerceadas em nome do interesse público, recebam um tratamento igualitário.[27] Por via de conseqüência, na seara tributária, caberá ao ente tributante selecionar com o devido zelo os melhores critérios de fixação de alíquotas e de delimitação da base de cálculo para assegurar esse fim. Aliás, a própria Constituição cuidou de acolher a capacidade contributiva como critério informador dos impostos, não apenas no § 1º do art. 145, como também ao indicar regras-matrizes que contemplam signos presuntivos de riqueza. Grosso modo, verificamos que o patrimônio e seus acréscimos são os alvos da incidência dos impostos.

7.4.1 Generalidade, uniformidade e progressividade

Também por força do princípio da igualdade tributária, não apenas os impostos, mas *todos os tributos*, hão de ser informados pelos critérios da *generalidade* e da *uniformidade*. Exemplificando, todo imóvel urbano, em tese, estará sujeito ao IPTU, assim, como

---

27. Salienta Sampaio Dória: "Os direitos fundamentais, os homens os têm, só por serem homens como o de vida, o de locomoção, o de associação, o de pensamento, o de possuir. Nenhum título legal é condição para a existência destes direitos. (...) O único limite ao direito fundamental de um indivíduo é o respeito a igual direito de seus semelhantes, e a certas condições fundamentais das sociedades organizadas" (*Curso de direito constitucional*, 2ª ed., Companhia Editora Nacional, 1946, p. 254).

toda renda estará sujeita ao IR. Parece-nos, pois, evidente que, quando a Constituição aduziu: "Art. 153. Compete à União instituir impostos sobre: (...) III — renda e proventos de qualquer natureza; (...) § 2º. O imposto previsto no inciso II: I — será informado pelos critérios da generalidade, da universalidade e da progressividade, na forma da lei; (...)" não pretendeu que apenas o IR fosse informado por esses critérios, de modo que só o IR deva obediência aos princípios da igualdade e da capacidade contributiva. Ao contrário, enfatizou mais uma vez a importância desses três critérios para se assegurar um tratamento fiscal igualitário, inclusive no que tange ao imposto sobre a renda. Soa-nos sofrivelmente tacanha a interpretação desse dispositivo que admite a progressividade somente no imposto sobre a renda, ou melhor, somente nos casos em que a Lei Maior expressamente enfatizar.

7.5 Progressividade fiscal e proporcionalidade

Reiteramos, pois, que a divergência doutrinária e jurisprudencial não consiste em discutir o direito do contribuinte a uma tributação em consonância com o princípio da igualdade, mas, pelo que se tem visto, diverge apenas quanto à escolha do melhor critério (progressividade ou proporcionalidade) para se satisfazer o aludido princípio. Não se discute, pois, se os princípios da igualdade ou da capacidade contributiva constituem ou não cláusulas pétreas, e muito menos se questiona a necessidade de plena adequação da base de cálculo à sua respectiva hipótese de incidência, evitando-se bitributações inconstitucionais.

E mais, segundo entendemos, tanto a progressividade como a proporcionalidade contribuem para a observância do princípio da igualdade. Para roborar essa afirmação, retomamos as preciosas lições de Celso Antônio Bandeira de Mello. Segundo o festejado mestre, para que um discrímen legal seja convivente com a isonomia, impende que concorram quatro elementos, *verbis*:

a) que a desequiparação não atinja de modo atual e absoluto, um só indivíduo;

b) que as situações ou pessoas desequiparadas pela regra de direito sejam efetivamente distintas entre si, vale dizer, possuam características, traços, *nelas residentes*, diferençados;

c) que exista, em abstrato, uma correlação lógica entre os fatores diferenciais existentes e a distinção de regime jurídico em função deles, estabelecida pela norma jurídica;

d) que, *in concreto*, o vínculo de correlação supra-referido seja pertinente em função dos interesses constitucionalmente protegidos, isto é, resulte em diferenciação de tratamento *jurídico fundada em razão valiosa — ao lume do texto constitucional — para o bem público.*[28]

Oras, tanto o IPTU com alíquotas progressivas como o IPTU com alíquotas proporcionais:

a) não alcançam de modo atual e absoluto, um só indivíduo. O contribuinte será sempre o proprietário de um imóvel urbano.

b) ambos desequiparam contribuintes de acordo com o valor do imóvel que possuam, isto é, quer se trate de alíquota única, quer se trate de alíquota progressiva, o contribuinte pagará sempre proporcionalmente ao valor venal do imóvel.

c) há, nos dois casos, em abstrato, uma correlação lógica entre os fatores diferenciais existentes e a distinção de regime jurídico em função deles, estabelecida pela norma jurídica, pois o proprietário de um imóvel de maior valor sempre pagará um IPTU mais elevado que o proprietário de um imóvel de menor valor.

d) nos dois casos, *in concreto*, o vínculo de correlação supra-referido é pertinente em função dos interesses constitucionalmente protegidos, isto é, resulta em diferenciação de tratamento jurídico fundada em razão valiosa — ao lume do texto constitucional — para o bem público. Deveras, no caso em apreço, ambos concorrem para a observância da justiça fiscal, porém, a nosso sentir, em graus de eficácia distintos, ou seja, *a progressividade garante um tratamento mais proporcional, e, portanto,, mais igualitário, que a própria proporcionalidade,* se não vejamos:

1) *Proporcionalidade*:

A — imóvel de R$ 1.000.000,00 X 1% = R$ 10.000,00

B — imóvel de R$ 500.000,00 X 1% = R$ 5.000,00

C — imóvel de R$ 50.000,00 X 1% = R$ 500,00

2) *Progressividade*:

A — imóvel de R$ 1.000.000,00 X 1% = R$ 10.000,00

---

28. Ob. cit., p. 41.

B — imóvel de R$ 500.000,00 X 0,6% = R$ 3.000,00

C — imóvel de R$ 50.000,00 X 0,2% = R$ 100,00

Nada obstante, chega-se, *data maxima venia*, ao absurdo de rotular de cláusula pétrea o direito do contribuinte de não se submeter ao IPTU progressivo por se tratar de um imposto real (segundo pensamos, cláusula pétrea é o direito do contribuinte de somente sujeitar-se ao recolhimento de um imposto que tenha sido instituído da maneira que melhor satisfaça os princípios constitucionais, e a classificação dos impostos em reais e pessoais não pode cercear esse direito). Argumenta-se que, nesse exemplo da progressividade, *C podería* ser proprietário de vários outros imóveis, quiçá mais valiosos, sendo, pois, privilegiado com a alíquota de 0,1% em relação a *A* e *B*. Ora, a progressividade não eximirá *C* de recolher o IPTU desses seus outros imóveis com alíquotas mais elevadas, tanto quanto *A* e *B*. Observe-se, de outra parte, que esse mesmo argumento acenado para criticar o IPTU progressivo também se aplica à proporcionalidade.

Ademais, poderíamos, nessa mesma linha, refutar essa frágil argumentação formulando novas suposições: *A* e *B* poderiam ser proprietários de imóveis valiosos e *C*, proprietário tão-somente de um imóvel de pequeno valor. Nessa hipótese, adotando-se a proporcionalidade, todos se submeteriam à mesma alíquota e, por não ter a mesma capacidade contributiva de *A* e *B*, para *C*, o encargo seria bem maior. De outro lado, se fosse ínfima a alíquota fixada, *A* e *B* seriam privilegiados em relação a *C*, uma vez que, revelando um maior poder aquisitivo, deveriam contribuir mais que *C*.

Aperfeiçoemos um pouco mais esses exemplos com a hipótese de isenção. Empós, verificaremos quais critérios, devidamente conjugados, melhor viabilizam o tratamento isonômico:

1) Proporcionalidade/isenção:

A — um imóvel de R$ 1.000.000,00 X 1% = R$ 10.000,00

B — um imóvel de R$ 500.000,00 X 1% = R$ 5.000,00

C — vários imóveis de R$ 50.000,00 X 1% = R$ 500,00

D — um imóvel de R$ 50.000,00 – isento

2) Progressividade/isenção:

A — um imóvel de R$ 1.000.000,00 X 1% = R$ 10.000,00

B — um imóvel de R$ 500.000,00 X 0,6% = R$ 3.000,00

C — vários imóveis de R$ 50.000,00 X 0,2% = R$ 100,00

D — um imóvel de R$ 50.000,00 – isento

No primeiro caso, *A*, *B* e *C* não possuem *objetivamente* a mesma capacidade contributiva, sendo, porém, tratados com excessiva desigualdade pela lei tributária. É-nos indubitável que a *progressividade* conduz a um tratamento mais proporcional que a própria proporcionalidade (ainda que está também esteja conjugada com hipótese de isenção) ao permitir que cada um pague de acordo com sua efetiva realidade econômica, e nem por isso menos objetivamente que no exemplo anterior (destaca-se a situação de *A* e *C*). Observe-se que, neste contexto, a isenção impede que *C* se exima do recolhimento do IPTU, pois, sendo proprietário de vários imóveis, com ela não poderá ser beneficiado (e não se trata de nova modalidade de imposto sobre o patrimônio).

Por outro lado, *C* poderia ser proprietário de vários imóveis de pequeno valor que, conjuntamente, implicariam no valor do imóvel de *A*. Neste caso, ainda assim, afigura-se-nos possível a aludida progressividade, assumindo, todavia, também o caráter extrafiscal, pois, sendo a situação de *C* muito mais condizente à satisfação do princípio da função social da propriedade, justifica-se o benefício de alíquotas menores. Mas, na hipótese de ser apenas proprietário de um imóvel de pequeno valor, ou estará isento (hipótese de *D*), ou sujeitar-se-á a uma alíquota proporcionalmente menor (progressividade fiscal). Em ambos os casos, a progressividade assume foros de constitucionalidade.

Convém ainda salientar que a base de cálculo constitucionalmente possível do IPTU é o valor venal do imóvel, ou seja, o valor real de mercado. Incumbe à Administração estabelecer critérios hábeis à avaliação real do imóvel. Esses critérios podem e devem ser veiculados por decretos. A inobservância desses critérios infralegais pela autoridade administrativa ou a inaptidão desses critérios para se apurar o valor de mercado do imóvel podem levar a uma superavaliação do imóvel e, conseqüentemente, a um aumento do imposto. *Não se cogita, nessa hipótese, de alíquota proporcional ou progressiva*. O contribuinte deverá questionar a ilegalidade do lançamento ou do decreto, isto é, deverá demonstrar sua desconformidade com a lei instituidora do IPTU que estabeleceu como base de cálculo o valor venal do imóvel.

Por tais razões, queremos enfatizar que a progressividade fiscal do IPTU sempre nos pareceu perfeitamente admitida e, até mesmo, implicitamente exigida pela nossa Carta Republicana.[29] Com efeito, *diante de duas interpretações possíveis, afigura-se melhor aquela que não excepciona os princípios constitucionais*. Assim, rechaçamos a interpretação que restringe demasiadamente o alcance do princípio da capacidade contributiva, e conseqüentemente o da isonomia, no que concerne aos impostos reais.

Atualmente, porém, consta na Lei das leis: "Art. 156. Compete aos Municípios instituir impostos sobre: I — propriedade predial e territorial urbana; (...) § 1º. Sem prejuízo da progressividade no tempo a que se refere o art. 182, § 4º, II, o imposto previsto no inciso I poderá: I — ser progressivo em razão do valor do imóvel; e II — ter alíquotas diferentes de acordo com a localização e o uso do imóvel" (§ 1º com redação dada pela Emenda Constitucional 29, de 13.9.2000).[30]

Oportuníssimas, nesse contexto, as ponderações de Roque Antonio Carrazza:

"A EC n. 29/2000 não redefiniu, em detrimento do contribuinte, o alcance do IPTU (hipótese em que se poderia cogitar de inconstitucionalidade por ofensa a *cláusula pétrea*), mas apenas explicitou o que já se continha na Constituição – ou seja, que este tributo deve ser graduado segundo a capacidade econômica do contribuinte, a qual independentemente da existência de plano diretor no Município, revela-se com o próprio imóvel urbano. Noutros termos, a emenda constitucional em questão, dado seu caráter meramente declaratório, limitou-se a reforçar a idéia, consagrada em nosso sistema tributário, de que, para fins de IPTU, quanto maior o valor do imóvel urbano, tanto maior haverá de ser sua alíquota.

"A mesma emenda constitucional explicitou que a localização e o uso do imóvel urbano ensejam tributações diferençadas, por meio de IPTU, justamente para que se estimule o cumpri-

---

29. Essa tese, todavia, não foi acolhida pela Corte Suprema que refutou a progressividade fiscal do IPTU sob o argumento de que os impostos reais não são compatíveis com o princípio da capacidade contributiva, além do que a progressividade fiscal somente foi prevista expressamente para o Imposto de Renda. A propósito, cf. RE 167.654-0-MG, rel. Min. Maurício Corrêa, j. 25.3.1997, v.u., *DJU* 18.4.1997, p. 13.786.

30. Registre-se, outrossim, recente Súmula do Supremo Tribunal Federal: "É inconstitucional a lei municipal que tenha estabelecido, antes da Emenda Constitucional, alíquotas progressivas para o IPTU, salvo se destinada a assegurar o cumprimento da função social da propriedade urbana".

mento da função social da propriedade, revelada no plano diretor do Município."[31]

Deveras, não se pode alegar violação a cláusula pétrea quando, dentre as interpretações juridicamente possíveis, puder se assegurar os direitos e garantias do contribuinte.

7.6 Considerações finais

Afastemos, pois, a errônea idéia de que imposto progressivo equivale a aumento do encargo tributário ou a de que a progressividade implica em majoração de alíquota. Nos exemplos citados, a alíquota proporcional foi fixada em 1,0% e, ao adotarmos a progressividade, a alíquota máxima se ateve a 1,0%.

Progressividade e aumento de imposto são coisas distintas, embora, *por opção do ente tributante*, possam ocorrer simultaneamente. Na cidade de São Paulo, por exemplo, a Lei n. 13.250/2001 não apenas adotou alíquotas progressivas, como também aumentou consideravelmente o IPTU em decorrência dos critérios de avaliação dos imóveis estabelecidos por decreto e anexos. Diante disso, várias ações têm sido propostas para atacar a progressividade, quando, na verdade, a insatisfação reside no aumento do imposto que se deu por outros fatores, além da majoração de alíquota (esta também poderia ter sido majorada na hipótese de proporcionalidade).[32] Cremos que não haveria maiores insurgências se tivesse sido adotada a progressividade, mantendo-se a alíquota anterior como alíquota máxima, ou seja, se o único intuito fosse reduzir o IPTU de imóveis de menor valor em consonância com o princípio da capacidade contributiva.

No mais, asseveramos que não importam os meios de se chegar à progressividade fiscal dos impostos reais (estabelecendo-se isenções, faixas de valor, com ou sem descontos, deduções, acréscimos[33]), desde que, sem considerar as condições pessoais

31. Ob. cit., pp. 98-99 e 101-102.
32. Nada obstante, decidiu o Primeiro Tribunal de Alçada Civil do Estado de São Paulo, por maioria de votos, conceder segurança para a anular lançamento do IPTU com base na Lei Municipal n. 13.250/2001, sob o argumento de que é inconstitucional a progressividade fiscal sobre imposto de natureza real (Ap. 1.136.483-5-SP, rel. Luiz Burza, j. 19.3.2003).
33. Aliás, critérios esses que devem ser buscados pelo legislador nas ciências das finanças, isto é, desenvolvidos com precisão por especialistas em cálculos matemáticos e, não, formulados pelo intérprete do direito positivo.

do contribuinte, isto é, mantendo-se a correlata adequação da base de cálculo à sua hipótese de incidência, seja sempre respeitado o princípio da igualdade *da maneira mais eficiente*.

7.7 Conclusão

Continuamos, pois, convencidos de que a progressividade fiscal, corretamente empregada, é a melhor forma de *construir uma sociedade justa* e de *promover a redução de desigualdades sociais e regionais*,[34] preservando-se, de igual modo, cláusulas pétreas, embora fosse muito mais "cômodo" para o fisco, e não menos atraente sob o aspecto arrecadatório, estabelecer uma única alíquota para o IPTU, sem maiores preocupações acerca do princípio constitucional da capacidade contributiva.

---

34. Estabelece nossa Carta Magna: "Art. 3º. Constituem objetivos fundamentais da República Federativa do Brasil: I — construir uma sociedade livre, justa e solidária; (...) III — erradicar a pobreza e a marginalização e reduzir as desigualdades sociais e regionais; (...)". Salta aos olhos que *construir uma sociedade justa* e *promover a redução de desigualdades sociais e regionais* são objetivos fundamentais que não só podem como *devem* ser alcançados por meio da tributação.

8
PROGRESSIVIDADE EXTRAFISCAL

8.1 Noção. 8.2 Extrafiscalidade e função social da propriedade. 8.3 Impostos proibitivos e confiscatórios. 8.4 Regime jurídico. 8.5 Classificações: 8.5.1 Extrafiscalidade repressora e favorecedora — 8.5.2 Classificação de Aires Fernandino Barreto (CF/69): 8.5.2.1 Progressividade no tempo — 8.5.2.2 Progressividade no espaço — 8.5.2.3 Alíquotas progressivas em função do valor venal do imóvel — 8.5.2.4 Alíquotas progressivas em função da superfície — 8.5.2.5 Alíquotas progressivas em função da destinação do imóvel — 8.5.2.6 Alíquotas progressivas em função de equipamentos urbanos — 8.5.2.7 Progressividade conforme o gabarito das construções ou número de pavimentos — 8.5.2.8 Critério misto de aplicação da progressividade — 8.5.2.9 Progressividade em função do número de imóveis. 8.6 Progressividade urbanística e não-urbanística: 8.6.1 Necessidade de plano diretor do Município – 8.6.2 Progressividade no tempo: 8.6.2.1 Desnecessidade de lei federal – 8.6.2.2 Natureza sancionatória – 8.6.3 Divergência doutrinária: 8.6.3.1 Primeira corrente – 8.6.3.2 Segunda corrente – 8.6.3.3 Posição da Suprema Corte. 8.7 Comentários: 8.7.1 Progressividade fiscal e extrafiscal.

É cediço que o imposto revela-se como excelente instrumento para se alcançar finalidades diversas do mero abastecimento dos cofres públicos. Na verdade, consiste numa forma *indireta* de o Poder Estatal satisfazer interesses econômicos e políticos de um país sem que tenha de enfrentar os óbices que uma atuação *direta* certamente acarretaria.

Com efeito, em muitos casos a atuação direta do Estado poderia ensejar a obtenção de resultados não desejados e até mesmo danosos, de modo que o comportamento que se visava a disciplinar inicialmente acaba adquirindo contornos bem piores do que apresentava antes da referida regulamentação direta.[1]

Aliás, diga-se, a propósito, que hodiernamente não há mais razão para se falar em impostos *neutros*, pois de alguma forma a

---

1. Nesse sentido Alfredo Augusto Becker, in *Teoria geral* ..., pp. 539 e 540.

instituição, isenção ou majoração de impostos estão voltadas ao atingimento de objetivos extrafiscais.

Neste capítulo teremos oportunidade de dar especial ênfase ao estudo da tributação extrafiscal, naturalmente tendo em vista alinhavar questões relevantes a respeito do Imposto Predial e Territorial Urbano.

8.1 Noção

Na seara tributária fala-se, juridicamente, em progressividade fiscal e extrafiscal.

Aquela, no dizer de Geraldo Ataliba, consiste no modo de o legislador estruturar os impostos, majorando as alíquotas na medida em que se aumenta a base imponível.

Já a progressividade extrafiscal objetiva o aumento de alíquotas sempre que houver finalidades determinadas a serem atingidas, independentemente, pois, de qualquer eventual alteração da base de cálculo.

No dizer de Roque Antonio Carrazza, extrafiscalidade é o emprego da tributação para fins ordinatórios — portanto, não-fiscais —, ou seja, para disciplinar comportamentos de virtuais contribuintes, induzindo-os a fazerem ou a absterem-se de fazer alguma coisa.[2]

Ernesto Lejeune Valcárcel, sob outro enfoque, mostra que a diferença jurídica entre tributos fiscais e extrafiscais somente pode ser observada examinando-se a forma com que o legislador cuidou do princípio da capacidade contributiva em cada caso. Assim, designam-se tributos fiscais aqueles nos quais a capacidade contributiva aparece não apenas como pressuposto legitimador do tributo, mas também como critério de estruturação e de aplicação do mesmo.

Doutra parte, designam-se por tributos extrafiscais os que expressamente perseguem fins de política econômica, prescindindo, pois, da capacidade contributiva, ou simplesmente não a tomando como critério predominante para dita estruturação e aplicação.[3]

---

2. In "A progressividade na ordem tributária", pp. 48 e 49.

3. Nas palavras do autor: "(...) serán tributos fiscales y extrafiscales aquellos en que la capacidad contributiva aparece no sólo como presupuesto legitimador

De nossa vez, conceituamos a extrafiscalidade dos impostos como sendo a forma empregada pelo Estado, exclusivamente via tributação, para atingir fins não meramente arrecadatórios, mas preponderantemente ordinatórios, quer para incentivar determinados comportamentos, quer para desestimulá-los (impostos proibitivos), afastando-se eventuais efeitos confiscatórios.

Dissemos *exclusivamente via tributação* para ressaltar que não poderá haver regulamentação do comportamento humano mediante atuação direta do Estado concomitantemente ao emprego da tributação extrafiscal, que, como vimos, é forma indireta de se disciplinar o comportamento social.

Noutro dizer: se a conduta já é tida como ilícita — isto é, consta como hipótese de incidência da norma penal —, não poderá simultaneamente constar na hipótese de incidência da norma tributária, uma vez que esta — e isto é pacífico na doutrina nacional — não comporta a descrição de fatos ou atos ilícitos.

8.2 Extrafiscalidade e função social da propriedade

A Constituição Republicana em vigor garante expressamente, em seu art. 5º, XXII, o direito de propriedade.[4] No inciso subseqüente acentua que "a propriedade atenderá a sua função social".

---

del tributo, sino también como criterio de estructuración y aplicación del mismo. Y serán extrafiscales aquellos en que, por perseguir expresamente fines de política económica, se prescinde de la capacidad contributiva, o no se la toma como criterio predominante para dicha estructuración y aplicación" (in "Aproximación al principio constitucional de igualdad tributaria", pp. 68 e 69).

4. Já doutrinava Ernst Forsthoff: "La propiedad está garantizada por la Constitución. Su contenido y sus límites resultan de las leyes" (in *Tratado de derecho administrativo*, p. 431, nota 1). De sua vez, lecionava Pontes de Miranda: "São distintas dos direitos fundamentais, absolutos e relativos, as garantias institucionais. Com elas, o que se tem por fito é a proteção a determinadas instituições estatais ou, até, supra-estatais. Confundi-los é grande erro. Nenhuma delas pode ser concebida, sem grave deturpação conceptual, como direito de liberdade. Por isso mesmo, são limitadas: o que se garante não é alguma coisa que preexiste ao Estado, mas alguma coisa como o Estado mesmo a concebe. A propriedade, por exemplo, que o art. 150, § 22, da Constituição de 1967 garante, é o direito de propriedade tal como a lei brasileira o organiza, e não o direito de propriedade como o direito francês, o italiano ou o russo concebeu. O Brasil mesmo pode mudar de concepção, de modo que será isso o que se garante — a permanência institucional, a despeito da mudança de regras jurídicas" (in *Comentários à Constituição de 1967*, t. 4/633 e 634).

Também em outras passagens exterioriza sua preocupação com a função social da propriedade: art. 156, § 1º; art. 170, III; art. 182, § 2º; e art. 184.

A noção jurídica de propriedade deve, pois, buscar seus delineamentos não somente na esfera privatística do Direito, mas também no próprio texto constitucional. Demais disso, como é de ver — e, atualmente com maior intensidade —, o direito de propriedade não mais é tido como de natureza absoluta, sem fronteiras, e sim, ao revés, suscetível de restrições quer de direito civil (no que tange ao direito de vizinhança, *v.g.*), quer de direito público (limitações, expropriações, servidões etc.).

Não obstante, José Afonso da Silva faz distinção entre a função social da propriedade e os sistemas de limitação da propriedade. Estes, diz o autor, "dizem respeito ao exercício do direito, ao proprietário; aquela, à estrutura do direito mesmo, à propriedade".[5]

A propriedade privada e sua função social foram elevadas pelo legislador constituinte como princípios da ordem econômica. Doutra parte, "embora prevista entre os direitos individuais, ela não mais poderá ser considerada puro direito individual, relativizando-se seu conceito e significado, especialmente porque os princípios da ordem econômica são preordenados à vista da realização de seu fim: *assegurar a todos existência digna, conforme os ditames da justiça social.*"[6] Deveras, a propriedade privada

---

5. In *Curso* ..., pp. 280-281.
6. José Afonso da Silva, in *Curso* ..., pp. 269-270. Marco Aurélio Greco, a propósito, salienta:

"No exato instante em que se fala em 'direcionar' alguma ação, implicitamente se refere às técnicas de controle do comportamento de alguém, o que suscita toda a temática do controle e, em última análise, do poder. A este propósito, podemos lembrar que a função social pode ser obtida de diversas formas, tantas quantas forem as técnicas de controle, cabendo lembrar as seguintes. Em *primeiro lugar*, uma conduta pode ser controlada regulando-se os seus efeitos ou prevendo que ela deve resultar em certas conseqüências. Isto ocorre, por exemplo, no Estatuto da Terra (Lei 4.504/64), que, no § 1º do seu art. 2º, diz expressamente as finalidades a serem atingidas para que se considere que a propriedade atendeu à sua função social (bem-estar de proprietários, trabalhadores e suas famílias; produtividade; conservação de recursos naturais e obediência às normas legais sobre relações do trabalho).

"*Outra forma* de direcionar a atividade para a função social é regular o antecedente da conduta, fixando condições para o seu exercício, que somente poderá se dar desde que os requisitos impostos sejam satisfeitos. Estas duas

vincula-se àquele fim, uma vez que, por determinação constitucional, deve cumprir sua função social.

Humberto Medrano Cornejo adverte que: "(...) frecuentemente la ley contempla tratamiento tributario más favorable a determinadas personas dedicadas a ciertas actividades sin que ello provoque impugnación alguna. Esto es lo que ocurre con los regímenes de incentivos otorgados para lograr el desarrollo de una industria, de una zona geográfica o para estimular el ahorro, la inversión, etc. Obsérvese que en todos esos casos, para que no exista violación del principio el régimen especial debe concederse a todas las personas que cumplen las exigencias previstas en la ley para acceder al tratamiento especial. Tales regímenes no colisionan con el principio cuando ellos están orientados a estimular o favorecer otros valores que, igualmente, están protegi-

hipóteses correspondem às figuras de programação finalística e condicional a que refere a doutrina.

"*Terceira forma* de controle consiste em prever, acima de determinado patamar (que pode vir expresso num índice fixo de construção proporcional à área do terreno), que a decisão quanto ao uso do bem não está exclusivamente entregue ao proprietário da terra, mas deve ocorrer de uma co-decisão de que participem Poder Público e proprietário, que ponderarão os interesses em jogo, para que se atinja o desejável equilíbrio. Esta figura da co-decisão já vem acolhida na lei do parcelamento do solo para fins urbanos (Lei 6.766/79), na parte em que é possível ao Município impedir o cancelamento do parcelamento, desde que se comprove prejuízo para o desenvolvimento urbano. Quer dizer, o particular não tem mais integral e plena decisão quanto à conveniência e oportunidade do parcelamento, mas está jungido à concordância municipal, que pode ou não ocorrer.

"Neste caso, o controle não se dá *ab-externo*, mas ocorre pela participação de representantes de interesses da coletividade no centro de decisões, cujas deliberações irão afetar aquele imóvel. Neste sentido, não se pode esquecer que a menção ao aspecto social tem duplo significado. Quando se fala em social, à comunidade globalmente considerada, ao Poder Público; como pode se reportar ao pluralismo social, representado pela multiplicidade de forças que convivem na sociedade e que apresentam interesses, por vezes, conflitantes. Atender à função social, então, será facultar a inserção desses interesses no processo decisório atinente àquele bem, em dimensão que pode eliminar a disposição pelo titular, mas que *servirá para direcioná-la para caminho compatível com os demais interesses em jogo*.

"*Quarta forma* de controle corresponde à imposição de sanções aos titulares da propriedade que não realizam a atividade considerada desejável pela coletividade, desrespeitando as diretrizes básicas por ela definidas em texto legal, que consagra as prioridades do uso e ocupação do solo. Ou seja, o Plano Diretor do Município previsto no art. 182 da CF" (in "IPTU — Progressividade — Função social da propriedade", *RDTributário* 52/117 e 118).

dos por la Constitución. (...) En todos estos casos el régimen de beneficios tributarios persigue el cumplimiento de otras finalidades que impone la Constitución. Por lo tanto no se trata, en rigor, de privilegio ya que — de ordinario — las actividades incentivadas son aquellas que, de otro modo, no serían abordadas por los particulares, lo que permite suponer que son más riesgostas, menos atractivas o, en todo caso, que el país las requiere".[7]

Poder-se-ia, então, afirmar que, atualmente, o conceito de propriedade pode apresentar-se como a faculdade de possuir um imóvel sujeitando-se ao dever de utilizá-lo em plena consonância com o bem-estar comum e, portanto, respeitando a propriedade de outrem.[8] Ou seja: andam juntos o direito de possuir e o correlato dever de proporcionar o cumprimento de sua função social.

Já assinalamos as diversas formas empregadas pelo legislador constituinte para ressaltar a importância do bom uso da propriedade. Contudo, tais meios redundam numa imposição de limites ao direito da propriedade, até então tido como absoluto. São eles: desapropriação, respeito ao plano diretor do Município, tributação extrafiscal etc.

Cumpre, pois, por ora, dedicar boa parte de nossa atenção a uma dessas formas impostas pela Lei Suprema para assegurar o atendimento fiel da função social da propriedade, qual seja: a extrafiscalidade do IPTU.

8.3 Impostos proibitivos e confiscatórios

Alfredo Augusto Becker, ao cuidar dos tributos proibitivos — isto é, aqueles em que o legislador indiretamente proíbe, mediante a tributação extrafiscal, um fato que, por si mesmo, revela situação ou atividade prejudicial ao conceito de Bem Comum —, sustenta que o "tributo extrafiscal *proibitivo* somente será inconstitucional (por violar a regra constitucional que juridicizou o princípio da capacidade contributiva) no caso de sua hipótese de incidência constituir fato que, presumivelmente, ofenda o mínimo indispensável de renda ou de capital".[9]

7. In *Derecho tributario*, pp. 92 e 93.

8. Desse teor as lições de Dejalma de Campos, *Imposto sobre a Propriedade Territorial Rural*, p. 18.

9. In *Teoria geral* ..., p. 457.

Mais adiante, explicita o autor: "A natureza jurídica da sanção distingue-se, perfeitamente, da natureza jurídica do tributo extrafiscal, 'proibitivo' porque: *Sanção* é o dever preestabelecido por uma regra jurídica que o Estado utiliza como instrumento jurídico para impedir ou desestimular, *diretamente*, um ato ou fato que a ordem jurídica *proíbe*. *Tributo extrafiscal 'proibitivo'* é o dever preestabelecido por uma regra jurídica que o Estado utiliza como instrumento jurídico para impedir ou desestimular, *indiretamente*, um ato ou fato que a ordem jurídica *permite*. O *ilícito*, como elemento integrante da hipótese de incidência, é o *único* elemento que distingue, no plano jurídico, a *sanção* do *tributo extrafiscal 'proibitivo'*. Noutras palavras, somente fatos *lícitos* podem integrar a composição da hipótese de incidência da regra jurídica *tributária*".[10]

Neste passo, convém salientar que, quer se trate de tributação fiscal, quer se trate de tributação extrafiscal, a imposição tributária não pode assumir feição confiscatória.

Noutros termos: quaisquer que sejam as finalidades buscadas mediante a instituição de impostos, não poderá esta acarretar encargos tão acentuados que se revelem desproporcionais ao atingimento dos referidos fins.[11]

Há, todavia, enorme dificuldade em precisar quando a tributação passa a ser desproporcional aos objetivos visados, uma vez que não há no texto constitucional uma limitação rigorosamente traçada para permitir o pronto reconhecimento desses questionados efeitos confiscatórios.

Aliás, adverte Sampaio Dória que não é recomendável a imposição legal de limites expressos à tributação, pois, em face das diversidades regionais, da ideologia política preponderante no país, de interesses econômicos e sociais etc., deve-se conceder uma esfera de discricionariedade ao legislador infraconstitucional, vedando-se apenas a imposição de tributos proibitivos com efeitos confiscatórios.[12]

10. In *Teoria geral* ..., pp. 556 e 557.

11. Alfredo Buzaid, em artigo sobre "Imposto de Indústrias e Profissões ...", exacerbou: "Dá-se o confisco quando o tributo não é justo nem razoável por seu montante. Ora, o imposto de indústrias e profissões, como foi lançado no Município da São Paulo, opera uma majoração de mais de 1.000% em regra, havendo casos em que chega a atingir a 4.000%! É isto justo e razoável?" (cf. p. 17).

12. Assevera Aires Fernandino Barreto que em face da atual Constituição (1988) não tem mais razão de ser a distinção entre tributos proibitivos e tribu-

Todavia, o próprio autor reconhece que não se pode aceitar que a decretação de tributos atinja *obliquamente* direitos individuais que são assegurados *diretamente* pela Constituição Republicana, sob pena de tornar inócuo todo o aparelhamento constitucional vigente.[13]

De fato, não é fácil reconhecer quando um imposto apresenta caráter confiscatório. Se se tratasse de uma alíquota de 100% ou de 0,1% sobre o valor venal do imóvel poder-se-ia, de plano, afirmar que no primeiro caso restaria violado o princípio que veda tributação com efeitos confiscatórios e que no segundo caso, diante de uma alíquota de 0,1%, o princípio teria sido plenamente respeitado. Mas, fixando-se alíquotas em torno de 20%,

---

tos confiscatórios, uma vez que a Lei Maior veda tributos com efeito de confisco, e não os tributos excessivos ou proibitivos (in *RDTributário* 64/100).

13. In *Direito constitucional tributário* ..., pp. 176 e 177. Aliás, acentuava Pontes de Miranda: "Nada impede que se lancem impostos praticamente proibitivos, como aqueles com que se pretende combater males sociais (tóxicos, luxo e causas de maus costumes), promover ou favorecer o surto de alguma indústria ou ramo de agricultura. Fere a igualdade o imposto que, a pretexto de recair sobre certa zona de negócios, estabelece desigualdade entre os contribuintes, como aquele, municipal, que proíbe, por bem dizer, a mecânica fora do perímetro urbano, e assim favorece o comércio dos potentados (Tribunal de Justiça de São Paulo, 21 de setembro de 1912), ou que resulta em favorecimento a um ou alguns contribuintes e estrangula a outros (caso típico o examinado pelo Superior Tribunal do Amazonas a 14 de novembro de 1914)" (cf. *Comentários à Constituição de 1967*, t. II/423 e 424). Mais adiante, acrescentou:

"De regra, os impostos precisam ou podem ser *territorialmente* diferentes; mas há exceções. O Imposto sobre Propriedade Territorial, o Predial, o sobre Transmissão de Propriedade, o de Indústrias e Profissões e de Licença, e sobre Diversões Públicas, etc., têm de ser uniformes quanto ao espaço físico, não quanto às espécies dependentes de grau de parentesco (transmissão de propriedade *causa mortis*), ou da qualidade da indústria ou profissão, ou do gênero de negócio ou do local, ou da diversão pública.

"Na Constituição de 1967, ao Município ficam o Imposto Predial e o Territorial Urbano, de modo que hão de ser uniformes em cada cidade ou vila do Município. O Territorial Rural tem de ser uniforme em todo o território nacional.

"Se a lei toma para distinção o fato da *residência* ou do *domicílio* ou da *nacionalidade* do contribuinte, viola o art. 150, § 1º.

"A progressividade de um imposto não atenta contra os princípios da *igualdade* e da *uniformidade* dos impostos, quer seja na razão direta dos valores, quer na razão do distanciamento de *certo* ponto dentro de Estado-membro, se atende, precisamente, respeitada a relação básica de tributação, àquela escala de valores" (ob. cit., pp. 427 e 428).

30% ou 40% sobre o valor venal do imóvel, fatalmente haveria enorme dificuldade para identificar eventual natureza confiscatória do tributo quando se tem em mira o atingimento de fins ordinatórios ou extrafiscais.

Aires Fernandino Barreto, tratando do assunto, após salientar que a solução deve ser apreciada pelo Poder Judiciário no caso concreto, reporta-se à jurisprudência argentina, "por força da qual a Suprema Corte consagrou que a retirada do patrimônio imobiliário de alguma coisa que supere a 33% do valor da renda ótima significa confisco tributário".[14]

Na verdade, somente a verificação caso a caso, concreta — isto é, a análise do caso *sub judice* —, pode efetivamente detectar eventual natureza confiscatória da espécie tributária submetida a uma progressividade de alíquotas.

8.4 Regime jurídico

A tributação extrafiscal deve obediência ao regime jurídico-constitucional inerente à instituição e majoração de todo e qualquer imposto.

É dizer: a instituição do imposto com natureza extrafiscal deve se submeter a todos os ditames constitucionais, não obstante — vale ressaltar — haja uma certa dose de discricionariedade conferida à legislação infraconstitucional.

Por oportunas, convém sejam aqui reproduzidas as precisas ensinanças do acatado Paulo de Barros Carvalho:

"Há tributos que se prestam, admiravelmente, para a introdução de expedientes extrafiscais. Outros, no entanto, inclinam-se mais ao setor da fiscalidade. Não existe, porém, entidade tributária que se possa dizer pura, no sentido de realizar tão-só a fiscalidade, ou, unicamente, a extrafiscalidade. Os dois objetivos convivem, harmônicos, na mesma figura impositiva, sendo

---

14. In "Impostos municipais", p. 248. Hugo de Brito Machado, de sua vez, ensina: "(...) mesmo em face das dificuldades de interpretação resultantes da indefinição do que seja um tributo com *efeito de confisco*, o preceito constitucional demonstra um rumo a ser seguido pelo qual o Estado há de obter os meios financeiros para o atendimento de seus gastos. Nunca, porém, um instrumento de extinção da propriedade privada. Essa diretriz servirá de bússola para o hermeneuta, especialmente para o juiz" (in *Os princípios jurídicos da tributação na Constituição de 1988*, p. 68).

apenas lícito verificar que, por vezes, um predomina sobre o outro.

"Consistindo a *extrafiscalidade* no emprego de fórmulas jurídico-tributárias para a obtenção de metas que prevaleçam sobre os fins simplesmente arrecadatórios de recursos monetários, o regime que há de dirigir tal atividade não poderia deixar de ser aquele próprio das exações tributárias. Significa, portanto, que, ao construir suas pretensões extrafiscais, deverá o legislador pautar-se, inteiramente, dentro dos parâmetros constitucionais, observando as limitações de sua competência impositiva e os princípios superiores que regem a matéria, assim os expressos que os implícitos. Não tem cabimento aludir-se a regime especial, visto que o instrumento jurídico utilizado é invariavelmente o mesmo, modificando-se tão-somente a finalidade do seu manejo."[15]

Logo, no que tange à instituição e majoração do IPTU deverá o legislador pautar-se no regime jurídico-constitucional específico dos impostos, ainda que tenha fins extrafiscais.

8.5 Classificações

Assinalaremos neste tópico algumas das classificações existentes sobre a extrafiscalidade dos impostos, conforme critérios selecionados pela doutrina, e, logo após, discorreremos a propósito da classificação por nós acolhida.

8.5.1 Extrafiscalidade repressora e favorecedora

Yonne Dolácio de Oliveira laborou interessante classificação da extrafiscalidade, tendo como critério a *finalidade* a que a tributação se propõe. Melhor esclarecendo, a intervenção estatal na vida da nação é efetivada por meio da formação do tipo normativo de modo mais acentuado. Assim, no campo da tributação, para fins exemplificativos, assegura-se ao Poder Executivo a faculdade de alterar alíquotas, dentro de limites legalmente previstos, em busca da consecução de fins sociais, econômicos ou políticos.

Desta forma, por igual razão, a instituição ou majoração de determinados tributos muitas vezes tem como meta reprimir ou

15. In *Curso* ..., p. 149.

desestimular algum comportamento, sendo que noutros casos, opostamente, visa a tributação extrafiscal a estimular ou tornar mais freqüentes certas condutas humanas. Daí a denominação empregada: extrafiscalidade *favorecedora* e *repressora*.

Ouçamos a autora: "(...) o exame do objeto da tipificação faz ressaltar um aspecto peculiar que diferencia a norma de extrafiscalidade favorecedora de todas as outras anteriormente vistas. As relações da vida que compõem o fato-tipo da extrafiscalidade na área da tributabilidade são fatos geradores de tributo e, portanto, são escolhidas em razão do seu índice revelador da capacidade econômica de quem os pratica. Todavia, para a extrafiscalidade favorecedora a seleção das relações da vida integradoras do fato-tipo legal não dá primazia à capacidade econômica. E quanto mais sobreleva o interesse estatal no estímulo do comportamento que a norma legal deseja incentivar ou proteger de crises circunstanciais, vai-se reduzindo o interesse pela capacidade econômica. Basta pensar nos casos extremos, nas imunidades tributárias dos templos, das instituições de educação ou de assistência social, do livro, do jornal e periódicos, assim como do papel destinado à sua impressão, e, também, das operações que destinem ao exterior produtos industrializados".[16]

Na verdade, tal distinção depende do prisma em que está sendo analisada. Com efeito, enfocando um imposto com natureza extrafiscal, numa mesma situação, se poderia afirmar que tem por fim estimular determinado comportamento ou desestimular o comportamento oposto.

Assim, exemplificando, o IPTU pode ser visto como um imposto que revela tanto a extrafiscalidade favorecedora como a repressora, pois poderia estar sendo utilizado tanto para estimular a edificação de um terreno baldio quanto para desestimular a manutenção do mesmo terreno sem construção.

8.5.2 Classificação de Aires Fernandino Barreto (CF/69)

Aires Fernandino Barreto fez primoroso estudo sobre a progressividade de alíquotas do IPTU na vigência, porém, da Constituição de 1969. Em breve síntese, laborou útil classificação da progressividade considerando suas funções extrafiscais, tais se-

16. In *A tipicidade no direito tributário brasileiro*, pp. 153 e 154.

jam: em razão do tempo, do espaço, do número de equipamentos urbanos, do gabarito das edificações etc.

Todavia, em face da Constituição de 1988 não mais entende o renomado autor ser cabível interpretação tão larga, mormente tendo em vista o disposto no § 2º do art. 182 da Lei Maior. Assim, diante desse preceito constitucional, passou Aires Fernandino Barreto a defender a existência apenas e tão-somente da progressividade no tempo — isto é, somente nos casos em que não restar observada a função social da propriedade, na forma exposta pelo plano diretor do Município.

Tal entendimento, segundo o autor, encontra-se roborado "na medida em que teve o legislador constituinte, exatamente por essa circunstância, de valer-se da expressão 'poderá' — poderá ser progressivo. Por quê? Não será progressivo sempre; poderá ser progressivo apenas e tão-só naquelas situações que visem ao asseguramento do cumprimento da função social da propriedade. Tanto assim é que quando ele versa o Imposto sobre a Renda de qualquer natureza, art. 153, § 2º, foi enfático, o Imposto sobre a Renda será informado pelos critérios da generalidade, da universalidade e da progressividade".[17]

Há de se aclarar, todavia, que, na verdade, trata-se de um *dever* imposto ao legislador municipal, ainda que tenha sido empregada a palavra *poderá*. Alias, são, neste passo, oportunas as lições de Roque Antonio Carrazza, que ora transcrevemos:

"O § 1º do art. 156 da CF prescreve que o IPTU 'poderá ser progressivo, nos termos da lei municipal, de forma a assegurar o cumprimento da função social da propriedade'. Aliás, este *poderá*, como aguisadamente observou Souto Maior Borges, em parecer, equivale a *deverá*.

"É que, como averbava Rui Barbosa, todo poder encerra um dever. Quando a Constituição confere a uma pessoa política um *poder* ela, *ipso facto*, lhe impõe um *dever*. É por isso que se costuma falar que as pessoas políticas têm *poderes-deveres*. Assim, o §

---

17. In "Impostos municipais", p. 247. Neste passo, observa Roque Antonio Carrazza: "aqui não está afirmado que *somente* o IR será informado pelo critério da progressividade; está afirmado simplesmente que ele *será informado pelo critério da progressividade*. Aliás, lá igualmente está referido que ele *será informado pelos critérios da generalidade e da universalidade*, e nunca se questionou que os demais impostos também devem ser informados por estes mesmos critérios" (*Curso* ..., p. 78, nota 46).

1º do art. 156 da CF, juridicamente interpretado, estabelece que o IPTU, além de dever obedecer o princípio da *capacidade contributiva* ('ser progressivo em função do valor do imóvel'), terá alíquotas diferentes de acordo com a localização e uso do imóvel' (...) de forma a assegurar o cumprimento da função social da propriedade."[18]

Convém, de conseguinte, trazer a contexto a classificação anteriormente laborada por Aires Fernandino Barreto quanto à progressividade de alíquotas do IPTU:

8.5.2.1 *Progressividade no tempo* — Segundo este critério eleva-se gradativamente a alíquota do IPTU, exercício a exercício, conforme certas condições, visando a minimizar a especulação imobiliária, expulsar indústrias nocivas, desestimular a manutenção ou proliferação de imóveis em situação irregular etc.

Será constitucional tal progressividade desde que não extrapole os limites da não-proibitividade e do não-confiscatório.

8.5.2.2 *Progressividade no espaço* — Aqui o critério para a utilização de alíquotas diferenciadas é o da região em que o imóvel está situado, independentemente de estar ou não construído.

Na verdade, tal critério poderá ser desdobrado em dois outros, de forma que a diversificação de alíquotas poderá ocorrer em função da subdivisão da área urbana em núcleos centrais, intermediários e periféricos,[19] ou com supedâneo na legislação disciplinadora do uso e ocupação do solo (zoneamento edilício), isto é, conforme a maior ou menor possibilidade de aproveitamento e utilização do imóvel.

18. Cf. *Curso* ..., pp. 97 e 99.
19. Neste passo, exemplifica Aires Fernandino Barreto: "a região central, ou *subdivisão um*, abrangeria o núcleo onde a tônica fosse a existência de alto comércio, maciça concentração de prédios para lojas, e escritórios, utilizados por organizações prestadoras de serviços, inclusive bancos, instituições financeiras e agências de seguro, além de intenso aproveitamento do solo. A intermediária, ou *subdivisão dois*, se configura pela menor densidade demográfica, conseqüência do restrito aproveitamento do solo e pela presença quase maciça de equipamentos urbanos, *v.g.*, iluminação pública, esgotos, telefones, calçamento, guias para passeio e vias totalmente pavimentadas etc., o que a distingue, também, da subdivisão *periférica* ou *três*, onde a tônica é a escassa presença desses equipamentos urbanos" (in "A progressividade nos impostos ...", p. 167).

8.5.2.3 *Alíquotas progressivas em função do valor venal do imóvel* — Neste caso, seriam seletivas as alíquotas do IPTU em função de faixas de valor venal.

Confira-se, a propósito, a seguinte decisão jurisprudencial do 1º Tribunal de Alçada Civil de São Paulo, publicada na *RT* 701/87: "IPTU – Progressividade — Norma que discrimina a setorização imobiliária, separando os imóveis residenciais dos demais, e depois em cada um dos grupos estabelece faixas com base no *valor venal* — Fim social atendido — Inteligência da Lei municipal n. 10.921/90 e do art. 156, I, da CF" (grifamos).

Assim, consoante variasse, para mais, o valor venal do imóvel, ter-se-ia fixação de alíquotas crescentes. Neste caso, haveria o que se denomina *progressividade fiscal*.

8.5.2.4 *Alíquotas progressivas em função da superfície* — A adoção de alíquotas diversificadas com fundamento na superfície do imóvel, ou seja, conforme a maior ou menor área de terrenos loteáveis ou passíveis de desmembramentos, visa a desestimular a manutenção de extensas áreas ociosas, que apenas dificultam o desenvolvimento da cidade.

8.5.2.5 *Alíquotas progressivas em função da destinação do imóvel* — Consoante o destino a ser dado ao imóvel urbano ter-se-á diversificação de alíquotas.

Aqui, busca-se também agravar o IPTU incidente sobre imóveis ociosos, bem como sobre os industriais, comerciais e especiais em confronto com os residenciais. Trata-se da *progressividade extrafiscal*.

8.5.2.6 *Alíquotas progressivas em função de equipamentos urbanos* — A existência ou não de equipamentos pode ser vista, na verdade, como um critério diferenciador entre zonas urbanas e rurais (v., a propósito, o art. 32 do Código Tributário Nacional).

Mas é um critério que também poderá ser empregado para justificar a progressividade do IPTU, para que as áreas melhor aquinhoadas possam contribuir com parcelas mais elevadas do que as exigidas dos núcleos menos abastados.

8.5.2.7 *Progressividade conforme o gabarito das construções ou número de pavimentos* — Também justifica-se a progressão de alíquotas tendo por critério a homogeneização da altura dos prédios (edifícios), quer para preservar a estética urbana, quer para preservar a paisagem, isto é, para assegurar o descortino do horizonte, de praças, áreas verdes, monumentos, obeliscos etc.

8.5.2.8 *Critério misto de aplicação da progressividade* — Todos esses critérios acima mencionados podem, em conjunto, ser utilizados como instrumentos de combate célere e eficiente à poluição (sonora, visual, do ar etc.), bem como de preservação do verde, do sossego, da segurança e da tranqüilidade públicas.

Este entendimento veio a ser sufragado pelo Tribunal de Justiça de São Paulo em ação direta de inconstitucionalidade cuja ementa oficial ora reproduzimos:

"IPTU — Progressividade de alíquotas, graduadas conforme o *valor* dos imóveis — Distinção entre imóveis *destinados* exclusivamente a residência e demais casos — Constitucionalidade de um e de outro critério — Ação direta de inconstitucionalidade improcedente — Votos vencidos.

"Não viola a Constituição – antes, a ela dá cumprimento — a progressividade de alíquotas do IPTU, graduada conforme o valor dos imóveis.

"A distinção entre imóveis destinados exclusivamente a residência e demais casos não viola o princípio da isonomia tributária"[20] (grifamos).

Assim, a lei pode graduar as alíquotas do IPTU tendo em vista, conjuntamente, o valor do imóvel, o destino que lhe foi dado (residencial, comercial, industrial etc.), sua superfície, o número de imóveis de um mesmo proprietário, dentre outros critérios. Em tal hipótese o legislador municipal estaria conferindo ao IPTU finalidades fiscais e extrafiscais, simultaneamente.

8.5.2.9 *Progressividade em função do número de imóveis* — Trata-se de matéria controvertida.[21]

20. TJSP, ADIn 14.927-0, Sessão Plenária, rel. Des. Salles Penteado, j. 7.6.95, m.v., *Lex* 258/175. Participaram do julgamento os Srs. Des. Yussef Cahali (pres., sem voto), Lair Loureiro, Cunha Camargo, Bueno Magano, Cunha Bueno, Nélson Fonseca, Nélson Schiesari (com declaração de voto), Djalma Lofrano, José Osório, Gentil Leite e José Gardinale, com votos vencedores, vencidos em parte os Des. Silva Leme, Rebouças de Carvalho, Márcio Bonilha, Renan Lotufo (com declaração de voto), Oetterer Guedes, Cuba dos Santos, Viseu Júnior e Álvaro Lazzarini.

21. V. *RT* 448/148, 386/36-47, 380/31-36, 371/227; *RTJ* 41/607.

Veja-se, no entanto, as Súmulas ns. 539 e 589 do Supremo Tribunal Federal:

"539. É constitucional a lei do Município que reduz o Imposto Predial Urbano sobre imóvel ocupado pela residência do proprietário, que não possua outro".[22]

"589. É inconstitucional a fixação de adicional progressivo do Imposto Predial e Territorial Urbano em função do número de imóveis do contribuinte."[23]

Contudo, vale ressaltar que, atualmente — isto é, na vigência da Constituição Federal de 1988, quando, então, Aires Fernandino Barreto passou a entender que a progressividade de alíquotas do IPTU só pode ter como critério o *tempo* —, aduz o autor que haveria violação ao princípio da isonomia se se adotasse outro critério, como, por exemplo, o valor do imóvel. E argumenta: "É que se o discrímen se dá pelo valor de cada imóvel, estar-se-á a pôr em condição altamente privilegiada (infringindo a Constituição) os inúmeros proprietários (seja de casas, lojas, unidades autônomas destinadas a locação, seja de loteamentos inteiros), cujos imóveis, de per si considerados, têm um valor baixo. Em outras palavras, o titular de único imóvel de, por exemplo, R$ 500.000,00 ficaria sujeito ao IPTU, em razão (ainda por hipótese) de uma alíquota de 2%, enquanto outro, titular de centenas de imóveis de pequeno valor, sujeitar-se-ia ao imposto em razão de alíquotas de, *v.g.*, 0,5%. Haveria nítida e injustificável ofensa ao princípio da igualdade. Mais que isso, sua própria inversão".

Cremos nós que incumbe ao legislador adotar, sendo o caso, critério misto (acima referido) para a graduação de alíquotas, de forma a assegurar sempre o respeito ao princípio da capacidade contributiva.

8.6 Progressividade urbanística e não-urbanística

Elizabeth Nazar Carrazza intitula de extrafiscalidade urbanística aquela que observa o § 1º do art. 182 do texto constitucio-

---

22. Referência: Constituição da Guanabara, arts. 5º, III; 6º, I; 7º, § 1º, e 10, "b"; Lei n. 674, de 10.11.64, da Guanabara (*DOE* 10.11.64); Decreto n. 344, de 31.12.64, da Guanabara (*DOE* 31.12.64, da Guanabara — Representação 646, de 18.11.65 (*RTJ* 35.501).

23. Referência: CF/69, art. 19, § 6º, e art. 25, I; CF/69, art. 21, § 1º. CTN, art. 33; Lei municipal (Americana/SP) n. 614, de 6.10.64, art. 2º; RE 69.784, j. 5.3.75 (*DJU* 18.4.75, *RTJ* 77/172); RE 80.858, j. 19.9.75 (*DJU* 7.11.75, *RTJ* 76/909). Cf. *Súmulas, AASP*.

nal, sendo designada de não-urbanística a extrafiscalidade a que se refere o § 4º do mesmo artigo.

Vejamos, inicialmente, o que dispõem os mencionados parágrafos.

"§ 1º. O *plano diretor*, aprovado pela Câmara Municipal, *obrigatório* para cidades com mais de vinte mil habitantes, é o instrumento básico da política de desenvolvimento e de expansão urbana.

"§ 2º. A propriedade urbana cumpre sua *função social* quando atende às exigências fundamentais de ordenação da cidade expressas no plano diretor."

"§ 4º. É facultado ao Poder Público municipal, mediante *lei específica* para área incluída no plano diretor, exigir, nos termos da *lei federal*, do proprietário do solo urbano não edificado, subutilizado ou não utilizado, que promova seu adequado aproveitamento, sob pena, sucessivamente, de: (...) II — Imposto sobre a Propriedade Predial e Territorial Urbana progressivo no tempo" (grifamos).

Segundo cremos, os §§ 1º, 2º e 4º do art. 182 cuidam apenas da extrafiscalidade urbanística, pois em todos os casos os fundamentos buscados são meramente ordinatórios, ainda que este último revele um caráter mais acentuadamente sancionatório.

8.6.1 Necessidade de plano diretor do Município

No tocante ao IPTU o emprego da extrafiscalidade dita "urbanística" — que, como procuramos demonstrar, não se confunde com a progressividade fiscal lastreada no princípio da capacidade contributiva — pressupõe a existência de uma lei municipal fixando o "plano diretor" do Município (art. 182, §§ 1º e § 2º, do Texto Maior).

Desta forma, em face dos susocitados dispositivos constitucionais, salienta Aires Fernandino Barreto que alíquotas progressivas não poderão ser impostas sempre que o imóvel preencher os requisitos exigidos pelo plano diretor, isto é, sempre que esteja cumprindo sua função social.

Para que sejam atingidos tais fins ordinatórios torna-se imprescindível a edição de um plano diretor do Município.

O fundamento mais relevante para justificar a obrigatoriedade do plano diretor do Município, além da imposição constitucional expressa, é o fato de ser o instrumento mais adequado a assegurar o cumprimento de uma política de desenvolvimento e de expansão urbana.[24]

Desta forma, cremos que lei ordinária municipal deverá estabelecer um plano diretor do Município e, uma vez existente, poderá ser instituído o IPTU com natureza extrafiscal, mediante a referida lei específica, isto é, lei tributária municipal (art. 182, *caput*). A primeira poderá também, na ausência de lei ordinária federal, trazer as diretrizes gerais, tal como faculta o art. 30, II e VIII, combinado com o art. 23, *caput*, da Lei Maior, de modo a assegurar a criação do plano diretor.

8.6.2 Progressividade no tempo

A progressividade no tempo, de natureza extrafiscal, prevista no inciso II do § 4º do art. 182 da Constituição brasileira em vigor, acima transcrito, é aplicável, para alguns autores, apenas a imóveis não-edificados, de forma que somente após terem os proprietários sido compelidos a edificar ou a parcelar, e verifica-

---

24. A propósito, explicita Maria Magnólia Lima Guerra:
"Hoje, o planejamento é procedimento inicial de toda e qualquer atividade urbanística. Entende-se por planejamento urbano a atividade da Administração dirigida à ordenação de seu território através de determinação prévia do uso do solo urbano por entidades públicas ou particulares, de localização das áreas residenciais, industriais, comerciais e de lazer, de determinação das áreas públicas, de delimitação do exercício do direito de propriedade, e, ainda, através do estabelecimento das formas de desenvolvimento da cidade. Como se vê, o planejamento urbano destina-se, fundamentalmente, a explicitar as diretrizes a serem seguidas para a solução dos problemas essenciais da cidade.

"Na verdade, o planejamento urbano, ao programar a atividade normativa para a cidade, principalmente no que diz respeito ao uso do solo, repercute de forma acentuada no exercício do direito de propriedade do solo, indicando medidas que representam limitações cada vez mais amplas, com o fim de satisfazer aos interesses maiores da coletividade" (cf. *Aspectos jurídicos do uso do solo urbano*, pp. 41 e 42).

V., também, jurisprudência desse teor: "Imposto — IPTU — Argüição de inconstitucionalidade dos arts. 5º e 13 da Lei municipal n. 6.582/89 de Santo André que instituiu a progressividade — *Ausência*, porém, de *plano diretor a balizar a função social da propriedade*, não constituindo, ainda, as dimensões do imóvel elemento discriminante válido para a aferição da capacidade econômica do contribuinte — Inconstitucionalidade patenteada — Mandado de segurança concedido para anular os lançamentos — Recurso improvido" (TACivSP, 4ª C., Ap. cível 468.010, rel. Juiz Walter Guilherme, v.u., *DJE* 29.3.93).

do o descumprimento da referida determinação, passarão a ter seu imposto progressivo consoante esse critério.[25]

Cumpre deixar claro que poderá haver imóvel edificado mas que, por ser subutilizado ou, até mesmo, não-utilizado deva ser tributável para que, desta forma, estimule seu proprietário a reaproveitá-lo, quer mediante reforma, quer demolindo-o para posterior reconstrução.

8.6.2.1 *Desnecessidade de lei federal* — Aqui também é possível desde já enfatizar que mesmo sem a referida "lei federal" o Município, com apoio no próprio texto constitucional, pode legislar a respeito. Sobremais, tal "lei federal" somente poderá veicular normas gerais, nunca, porém, imiscuir-se em questões de "peculiar interesse local". Veja-se: trata-se de lei ordinária federal, com fulcro no art. 21, IX e XX, da Constituição Federal — portanto, não de lei complementar.

Por outro lado, ensina José Souto Maior Borges que a locução constitucional *nos termos da lei federal* quer significar obediência, no que couber — isto é, no plano das normas gerais —, à lei federal, e não, como pretendem alguns, seja observada a lei federal *prévia*. Desta forma, a lei federal tanto poderá ser antecedente quanto subseqüente à lei municipal do IPTU temporalmente progressivo. Se antecedente, não poderá a lei municipal desconsiderar, desde a sua edição, as normas gerais editadas pela União, e que por isso mesmo lhe devem ser aplicáveis. Se subseqüente, a lei federal suspenderá a eficácia da lei municipal, no que se lhe contrapuser.

Demais disso — adverte o autor —, o condicionamento do exercício da lei municipal à preexistência de lei federal, além de implicar a invalidação do princípio da autonomia municipal, inviabilizará, doutra parte, pondo-a em suspenso, a vinculação do IPTU à sua característica mais eminente, porque desvinculada da mera percepção de recursos financeiros: *a de assegurar a função social da propriedade*.[26]

Desse teor são também as lições de Elizabeth Nazar Carrazza, que ora trazemos a contexto:

---

25. Dentre os quais Aires Fernandino Barreto, in "Impostos ...", p. 238, e Gilberto de Ulhôa Canto.
26. In *RDTributário* 59/86.

"(...) a eventual inexistência da lei federal a que alude o precitado § 4º do art. 182 da Constituição Federal não inibe o Município de, com base em lei local, tomar as providências ali referidas. Por igual modo, tal lei federal deverá limitar-se a estabelecer normas gerais. Não poderá descer a 'assuntos de interesse local', de competência privativa dos Municípios, *ex vi* do art. 30, I, da Carta Suprema. Estas as interpretações que rimam com o princípio da autonomia municipal e da capacidade contributiva.

"Ademais, o Município, à falta da referida lei federal, poderá suprir a lacuna, conforme lhe facultam o art. 30, II, c/c o inciso I e o § 3º do art. 24, ambos da Carta Suprema. A superveniência da lei federal paralisará a eficácia da lei municipal, nos pontos em que esta tratar de normas gerais. Nos demais pontos, é claro que continuará prevalecendo a lei local (a lei federal que, eventualmente, cuidar de assuntos de interesse local será inconstitucional, por afronta ao art. 30, I, da Lei Maior)."[27]

Demais disso, pensamos nós que a "lei específica para área incluída no plano diretor", a que se refere o § 4º do art. 182, diz respeito à lei ordinária municipal de caráter tributário incumbida de criar o IPTU progressivo no tempo. Doutro lado, a "lei federal", ali também mencionada, trata-se de lei ordinária federal — ou, na sua ausência, de lei ordinária municipal — veiculadora de diretrizes gerais de desenvolvimento urbano.

Todavia, convém apenas argumentar que é bastante questionável a desnecessidade de prévia lei federal para estabelecer normas gerais a repeito da progressividade no tempo.[28]

---

27. In *IPTU e progressividade* ..., p. 106.

28. Não desconhecemos, todavia, entendimento jurisprudencial em sentido contrário: "Tributo — IPTU e Taxas de Conservação e Limpeza — Município de São Paulo — Aumento da carga tributária em 1991, com relação ao ano de 1990, na base de 6.680%, quando a inflação foi de 1.639%, tornando confiscatório o tributo — Ação anulatória — Critério da progressividade, que não pode ir ao exagero e à discriminação dos contribuintes, com quebra do princípio da igualdade tributária — Inteligência da Lei municipal n. 10.921/90 — Necessidade de prévia lei federal que defina a *função social da propriedade*, prevista no art. 156, § 1º, da CF, sem o quê não se define o imposto progressivo — Recurso provido, para julgar a ação procedente" (TACivSP, 3ª C., Ap. cível 498.911, rel. Juiz Aloísio Toledo, v.u., *DJU* 29.9.92); "Tributo — IPTU — Município de Praia Grande — Progressividade sob o rótulo de 'seletividade' — Ofensa ao art. 150, II, da Constituição Federal de 1988 — Hipótese em que também não há definição legal do que seja '*função social' da propriedade* — Lançamento

Com efeito, há de se ter em conta que tal progressividade pode acarretar a perda da propriedade, ou seja, a desapropriação do imóvel — portanto, matéria de competência privativa da União, nos termos do art. 22, II, da Lei Maior.

8.6.2.2 *Natureza sancionatória* — Sustentam alguns autores que a progressividade no tempo, cabível quando se tratar de *impostos extrafiscais*, tem natureza sancionatória.

Roque Antonio Carrazza, neste passo, referindo-se ao IPTU, averba que não há impedimento algum ao aumento progressivo de suas alíquotas desde que o proprietário do imóvel urbano for perseverando em seu mau aproveitamento. Este aumento, aliás, segundo se infere do inciso II do § 4º do art. 182 da Constituição, pode redundar, até, na perda da propriedade. Sempre com base em lei — agora *lei sancionatória*, e não tributária —, exatamente para punir o proprietário do imóvel que renite em não ajustá-lo às diretrizes do *plano diretor*.[29]

Valdir de Oliveira Rocha, a contexto, entende que "a pena sob a qual se impõe a progressividade do IPTU no tempo, ao proprietário do solo urbano não-edificado, subutilizado ou não-utilizado, é por falta de adequação à lei, enquanto persistir essa falta. O imposto, em si, tem como aspecto material de seu fato gerador a propriedade predial e territorial urbana; a pena que poderá estar no seu agravamento é conseqüência que não desnatura o imposto. 'Que não constitua sanção de ato ilícito' portanto, diante do IPTU progressivo por falta de adequação do imóvel não-edificado de modo a atender a sua função social, previsto na Constituição, a exemplo de outros ilícitos que importam em tributação (por exemplo, Imposto de Renda na distribuição disfarçada de lucros), previstos na legislação ordinária, é requisito que deve ser interpretado como 'que não constitua *imediatamente* sanção de ato ilícito'".[30]

Elizabeth Nazar Carrazza, de sua vez, ensina que a exacerbação de alíquotas não se restringe aos casos em que haja fins

---

ilegal — Precedente na jurisprudência do Tribunal — Segurança denegada — Decisão mantida" (TACivSP, 2ª C., Ap. cível 474.834, rel. Juiz Roberto Mendes de Freitas, v.u., *DJU* 26.5.93). Cf. Também *RT* 734/356.

29. In *Curso* ..., p. 101.

30. In *Determinação* ..., pp. 80 e 81.

ordinatórios, mas também quando se tratar de tributação de caráter eminentemente sancionatório. E explicita:

"O caráter sancionatório da progressividade no tempo, ora em exame, não decorre da incidência do IPTU sobre um ato ilícito. O IPTU, mesmo nesse caso, incide sobre o fato lícito de uma pessoa ser proprietária de um imóvel urbano. A sanção advém, sim, do mau uso (de acordo com a lei local) que esta pessoa faz de sua propriedade urbana.

"Como decorrência disso, se o proprietário, atendendo aos ditames da lei, adequar seu imóvel às exigências do plano diretor, nada mais sofrerá, à guisa de sanção."[31]

Na verdade, como bem acentua a autora, não se trata de tributar um fato ilícito, pois o fato ensejador do IPTU é a propriedade imobiliária, nada mais — portanto, um fato lícito. A natureza sancionatória advém – isto, sim — da persistência do proprietário em fazer mau uso do seu imóvel, o que acarreta um agravamento de alíquotas.

Assim, se o realizador do fato imponível fizer bom uso de sua propriedade não se eximirá da obrigação de recolher o IPTU, uma vez que continua a ser proprietário de um imóvel localizado na zona urbana. Apenas e tão-somente terá reduzida sua alíquota aos parâmetros normais, ou seja, a progressividade passa a ter natureza meramente fiscal.

8.6.3 Divergência doutrinária

Há divergência doutrinária e jurisprudencial a respeito da progressividade do IPTU diante dos arts. 145, § 1º, 156, § 1º, e 182, § 4º, da Lei Maior.

Para melhor clareza, confrontamos os citados dispositivos constitucionais:

Art. 145, § 1º: "Sempre que possível, os impostos terão caráter pessoal e serão graduados segundo a capacidade econômica do contribuinte, facultado à administração tributária, especialmente para conferir efetividade a esses objetivos, identificar, respeitados os direitos individuais e nos termos da lei, o patrimônio, os rendimentos e as atividades econômicas do contribuinte".

---

31. In *IPTU e progressividade* ..., p. 101.

Art. 156, § 1º: "O imposto previsto no inciso I poderá ser progressivo, nos termos de lei municipal, de forma a assegurar o cumprimento da função social da propriedade".

"Art. 182. A política de desenvolvimento urbano, executada pelo Poder Público municipal, conforme diretrizes gerais fixadas em lei, tem por objetivo ordenar o pleno desenvolvimento das funções sociais da cidade e garantir o bem-estar de seus habitantes.

"§ 1º. O plano diretor, aprovado pela Câmara Municipal, obrigatório para cidades com mais de vinte mil habitantes, é o instrumento básico da política de desenvolvimento e de expansão urbana.

"§ 2º. A propriedade urbana cumpre sua função social quando atende às exigências fundamentais de ordenação da cidade expressas no plano diretor.

"(...).

"§ 4º. É facultado ao Poder Público municipal, mediante lei específica para área incluída no plano diretor, exigir, nos termos da lei federal, do proprietário do solo urbano não edificado, subutilizado ou não utilizado, que promova seu adequado aproveitamento, sob pena, sucessivamente, de:

"(...);

"II — Imposto sobre a Propriedade Predial e Territorial Urbana progressivo no tempo;

"(...)."[32]

À luz desses dispositivos constitucionais, alguns autores sustentam que a progressividade fiscal do referido imposto pode e deve ser levada a cabo pelo legislador municipal em face do princípio da capacidade contributiva, inerente a todos os impostos.

Outros, entendendo diversamente, crêem ser possível apenas e tão-somente a progressividade extrafiscal, em face do princípio da função social da propriedade. José Afonso da Silva, de Melo, por exemplo, sustenta que a pr~

~ que: "O solo qualifica-se como ~estino urbanístico, especialmente a 32. José Afonso da Silva, *Curso* citado art. 182, § 4º, consagra *urbano* quando orden~ (in Curso ..., p. 797). *edificabilidade* e ~ esse prin~

busca assegurar apenas o cumprimento da função social da propriedade e da cidade.[33] Questiona-se, assim, se haveria autonomia da progressão prevista no art. 156, § 1º, em relação à contida no art. 182, § 4º, da Lei das Leis.

Vejamos, pois, com maior detença o pensamento de alguns juristas que se posicionaram a respeito do assunto, antecipando, porém, em breves linhas, que entendendo ser possível a coexistência dos dois tipos de progressividade — fiscal e extrafiscal — têm-se Geraldo Ataliba, Roque Antonio Carrazza, Alcides Jorge Costa, Hugo de Brito Machado, Elizabeth Nazar Carrazza, Misabel Abreu Machado Derzi, Valdir de Oliveira Rocha, Luciano da Silva Amaro, dentre outros; e defendendo posição contrária

33. V. as conclusões do autor em primoroso estudo a respeito do tema em comento: "O direito urbanístico impõe o conhecimento dos princípios e normas constitucionais, que estabelecem as competências das pessoas de direito público e fundamentam as regras ordinárias, em razão de sua superioridade hierárquica. As normas urbanísticas concernem à disciplina, ao planejamento, ao uso e à ocupação do solo da cidade, à atividade edilícia, à ordenação dos espaços habitáveis, à proteção do meio ambiente e sua constante inter-relação com a zona rural. A atividade urbanística decorre dos princípios constitucionais protetores da dignidade humana, do direito à vida decente, moradia, erradicação da pobreza, evitando as desigualdades no contexto do desenvolvimento nacional e da justiça social. O princípio da função social da propriedade limita a exclusividade do exercício do direito de propriedade, tendo em vista o interesse da coletividade; trazendo implicações no âmbito da tributação do patrimônio imobiliário, mantendo íntima conotação com a carga fiscal do IPTU, no que tange à progressividade do tributo. A elevação do ônus do IPTU deve observar o princípio da capacidade contributiva, a isonomia e a vedação de confisco, em razão do quê o instrumento da progressividade não pode aniquilar a propriedade. A circunstância da Constituição referir-se à progressividade do IPTU em dois capítulos distintos (sistema tributário — art. 156, § 1º, e ordem econômica — art. 182, § 4º, II) não significa autonomia e tratamentos jurídicos diferenciados. A função social da propriedade refere-se à função social da cidade, como postulado inexorável da política urbana, para assegurar o envolvimento econômico e a justiça social. A progressividade do IPTU justifica eunicamente, no âmbito do desenvolvimento urbano, condicionado à prévia ser exigi a lei específica para área incluída no plano diretor. O IPTU só edificado, subut.. termos progressivos, do proprietário do solo urbano não-veitamento e, ainda, q... ...ificavão-utilizado, que não realize seu adequado aproveitamento compulsórias. Injustificação meramente promovido parcelamento ou edificações mento fiscal, de cunho urbano" (in "IPT... vidade do IPTU como singelo procedimento urbanístico das alíquotas", Revista ... ...rio, divorciado da política de desenvolvimento da propriedade e a pro- ...ributário 1/56).

— qual seja, a de ser admissível apenas a progressividade prevista no § 4º do art. 182 da Constituição de 1988 — têm-se Marco Aurélio Greco, Aires Fernandino Barreto, Bernardo Ribeiro de Moraes, Ives Gandra da Silva Martins, Yonne Dolácio de Oliveira, José Eduardo Soares de Melo.

8.6.3.1 Primeira corrente — Hugo de Brito Machado esposa a tese que sustenta a validade da progressividade fiscal e extrafiscal do IPTU com os seguintes argumentos:

"Em primeiro lugar porque não é razoável admitir tenha a Constituição utilizado a norma do art. 156, § 1º, inutilmente, e a prevalecer a interpretação segundo a qual é inadmissível outra progressividade que não seja a do art. 182, § 4º, a regra do art. 156, § 1º, restaria absolutamente inútil, podendo ser excluída do texto constitucional sem lhe fazer qualquer falta.

"Não se diga que, prevalecendo nossa interpretação, restará inútil, supérflua, a norma do art. 182, § 4º, inciso II. Na verdade, autorizando a progressividade sem qualquer especificação, a norma do art. 156, § 1º, poderia ser considerada insuficiente para autorizar a progressividade *em razão do tempo*, posto que, sem qualquer qualificação específica, a progressividade tem sido geralmente entendida como pertinente à base de cálculo. Além disso, se não autorizada por dispositivo constitucional expresso, a progressividade em razão do tempo poderia ser impugnada, ao argumento de que constitui verdadeira sanção de ato ilícito, sendo contrária, portanto, ao conceito de tributo. Assim, tem-se que a norma do art. 182, § 4º, teve a finalidade específica de afastar argumentos contrários àquela forma especial de progressividade.

"Em segundo lugar porque não se pode deixar de ter em conta a técnica legislativa utilizada pelo constituinte de 1988. A Constituição de 1988 trata de cada assunto em seu lugar, podendo ser a relativa autonomia no trato, ali, de cada matéria facilmente demonstrada. Por isto, é importante que essa autonomia seja considerada na interpretação do texto constitucional. É a presença do elemento sistemático, de notável valia para o hermeneuta.

"Em terceiro lugar pode ser invocado ainda o elemento teleológico ou finalístico. Do ponto de vista da política urbana, pode-se entender que a propriedade cumpre sua função social quando atende às exigências fundamentais da urbanização, expressas no respectivo plano diretor. Isto, porém, não significa que não existam outras formas pelas quais a propriedade também tenha de cumprir sua função social, até porque a propriedade há de ser encarada como *riqueza* que é, e não apenas como elemento a ser tratado pelas normas de política urbana. Como *riqueza*, a propriedade cumpre sua função social na medida em que o seu titular contribui para o custeio das despesas públicas de forma mais equânime. Todos os tributos do sistema devem ser, quanto possível, graduados em função da capacidade econômica do contribuinte, e a progressividade inegavelmente atende melhor a esse preceito constitucional."[34]

Desse mesmo pensar, assevera Roque Antonio Carrazza que "o princípio da capacidade contributiva, no IPTU, não se revela no inc. II do § 1º do art. 156 da Carta Magna. O princípio da capacidade contributiva, também no IPTU, revela-se no já mencionado art. 145, § 1º (...). Em suma, para que, no IPTU, restem atendidas as exigências do *princípio da capacidade contributiva* não é necessário seja editado um *plano diretor*. Se editado, é possível, sem embargo do cumprimento ao § 1º do art. 145 da CF, usar um sistema de alíquotas diferençadas, para estimular ou desestimular comportamentos dos munícipes, proprietários de imóveis urbanos, sempre tendo em vista o cumprimento da função social da propriedade".[35]

Observa, outrossim, Elizabeth Nazar Carrazza que a progressividade extrafiscal, fundada no princípio da função social da propriedade, realmente não se limita à hipótese prevista no § 4º do art. 182 da Lei Suprema. Elucida a renomada autora: "O que em verdade se pretende demonstrar é que a progressividade de natureza extrafiscal, de que ora se trata, tem finalidade meramente ordinatória, visando à aplicação do princípio supramencionado, à luz do disposto no § 2º do art. 182 da CF. Objetiva a adequação do uso da propriedade urbana aos interesses locais, delimitados expressamente no plano diretor. *Do comportamento inadequado do contribuinte não decorre uma sanção, mas apenas um agravamento de alíquota, que não pode ser progressivo no tempo*. Diferentemente, portanto, daquela (progressiva no tempo, prevista no § 4º do art. 182), não objetiva levar o contribuinte

---

34. In *Curso* ..., pp. 364-365.
35. In *Curso* ..., pp. 97 e 100.

à prática, compulsória, de um determinado comportamento"³⁶ (grifamos).

Segundo, então, Elizabeth Nazar Carrazza a Constituição em vigor admite três casos de progressividade do IPTU:

1) para atender ao princípio da capacidade contributiva — art. 145, § 1º;

2) a progressividade extrafiscal que tem fins ordinatórios — art. 156, § 1º;

3) a progressividade extrafiscal de caráter sancionatório (chamada progressividade no tempo) — art. 182, § 4º.

Evitando distorcer o pensamento da autora, vejamos mais uma vez suas palavras: "Existem, pois, três situações distintas a darem ensejo à progressividade do IPTU, que podem assim ser sintetizadas: a) o princípio da capacidade contributiva exige alíquotas diferençadas, em razão da variação do valor dos imóveis urbanos, decorrente de suas características peculiares (por força do disposto no art. 145, § 1º, c/c o art. 150, II, ambos da CF); b) o § 1º do art. 156 da CF autoriza a progressividade das alíquotas do IPTU, em função das conveniências locais, expressas no plano diretor (função social da propriedade); e c) o § 4º do art. 182 da CF autoriza a progressividade das alíquotas do IPTU no tempo, em razão da inobservância, pelo proprietário de imóvel urbano não-edificado, subutilizado ou não-utilizado, de regras do plano diretor, podendo culminar na desapropriação do imóvel sem prévia e justa indenização (caráter sancionatório)".³⁷

Segundo essa parte autorizada da doutrina, admite-se, ao lado da progressividade de caráter extrafiscal, a progressividade de natureza meramente fiscal, por força do princípio informativo dos impostos: o da capacidade contributiva.

8.6.3.2 *Segunda corrente* — Na vigência da Constituição de 1969 entendia Aires Fernandino Barreto que o IPTU poderia ser progressivo em função de "n" variáveis — tempo, espaço, número de equipamentos urbanos, valor do imóvel etc. —, uma vez que limitação constitucional alguma existia.

---

36. In *IPTU e progressividade* ..., p. 100.
37. In *IPTU e progressividade* ..., p. 112.

Classificava, então, Aires Fernandino Barreto as hipóteses de progressividade trazidas pelo texto constitucional:
"a) dispôs direta e expressamente sobre a progressão:
"a.1) exigindo-a no caso do IR, ITR e IPI (cf., respectivamente, arts. 153, § 2º, I, 153, § 4º, e 152, § 3º, I);
"a.2) facultando-a, no caso de ICMS e IPTU (art. 155, § 2º, III, e art. 156, § 1º, respectivamente);
"b) concedendo ampla liberdade ao legislador infraconstitucional para instituí-la, de acordo com a natureza do tributo, no caso do II, IE, IGF e IOF (cf. art. 153, § 1º);
"c) implicitamente, vedando a progressão em todos os demais casos (ISTC, IPVA, ITBI, IVV, ISS e impostos instituídos pela União com base na sua competência residual);
"d) nas hipóteses em que expressamente faculta: o ICMS, só nos casos do § 1º do art. 156."[38]

Entretanto, em face do § 1º do art. 156 da Constituição Republicana em vigor, reconhece o autor, acompanhado por José Eduardo Soares de Melo, que não mais pode prevalecer o aludido entendimento, devendo o IPTU ser progressivo, consoante lei municipal, para que se possa assegurar a função social da propriedade na forma determinada pelo art. 182 da Carta Maior. Dito de outro modo: segundo este último renomado autor, o substrato da progressividade do IPTU não é o princípio da capacidade contributiva, compreendendo-se assim a razão pela qual versou a Constituição brasileira sobre todos os casos em que a progressão é imposta ou admissível. São suas as palavras: "Deixando de parte os tributos fixos, parece-me que o princípio, em si mesmo, não exige que os impostos sejam obrigatoriamente *progressivos*. Parece-me — *data venia* dos que entendem diferentemente — que ele exige, sim, que os impostos sejam *proporcionais*. O texto constitucional, quando pretendeu que os impostos fossem obrigatoriamente progressivos, decompôs o próprio princípio da capacidade contributiva versando aquelas situações em que entendia inafastável a progressividade".[39]

Para Aires Fernandino Barreto será inconstitucional progressividade do IPTU em função do valor do imóvel, sendo válida

---

38. In *Capacidade* ..., p. 79.
39. In *RDTributário* 58/176 e 177.

apenas a que tenha por meta preservar a função social da propriedade.

José Eduardo Soares de Melo, de seu turno, acentua que só pode ser entendida a progressividade do IPTU como função social da propriedade no contexto urbanístico.

O mesmo entendimento é perfilhado por Marco Aurélio Greco, segundo quem "não há na Constituição dois tipos de progressividade do IPTU. Há apenas a que sirva para assegurar a função social do imóvel, nas hipóteses, através do regime e pelos instrumentos consagrados no art. 182 da CF."[40]

8.6.3.3 *Posição da Suprema Corte* — O Supremo Tribunal Federal, em sessão plenária realizada no dia 20 de novembro de 1996, fixou entendimento no sentido de que o IPTU não pode variar na razão da presumível capacidade contributiva do sujeito passivo, uma vez que a única progressividade admitida pela Constituição de 1988 no que tange ao IPTU — frise-se — é a progressividade extrafiscal, destinada a assegurar o cumprimento da função social da propriedade urbana, nos moldes dos arts. 156, § 1º, e 182, § 4º, II, da Lei Maior.

Com base neste posicionamento, declarou a Suprema Corte, por maioria de votos, a inconstitucionalidade da norma legal do Município de Belo Horizonte que estabelecia a progressividade de alíquotas do IPTU — Lei n. 5.641/89 — segundo o valor do imóvel.[41]

---

40. In "IPTU – Progressividade – Função social da propriedade", *RDTributário* 52/120.

41. Cf. RE 153.771-MG, rel. Min. Moreira Alves, j. 20.11.96. O acórdão da 4ª Câmara do TJMG, em votação unânime, havia negado provimento ao apelo da impetrante, confirmando a sentença proferida. Para melhor compreensão, julgamos conveniente reproduzir parte do voto condutor do aresto, da lavra do Des. Monteiro de Barros:

"O art. 83 da Lei municipal n. 5.641, editada em 22.12.89, estabeleceu que 'as alíquotas do IPTU são constantes da Tabela III anexa a esta Lei'. E, na Tabela III, n. II, trata de 'lotes não edificados situados em logradouro com três ou mais melhoramentos', de zona não comercial e industrial, com valor venal acima de 1.868 até 4.152 UFPBH, com alíquotas de 3,1%.

"Nota-se, assim, que o imposto variou de alíquota, levando-se em consideração o valor venal, a zona de situação e o fato de existir ou não edificação.

"O impetrante da ordem sustenta ser inconstitucional *parte* da Lei municipal n. 5.641, porque contrariou o que dispõem o § 1º do art. 156 e o art. 182,

Veja-se o acórdão proferido pela Suprema Corte:
"IPTU — Progressividade.
"No sistema tributário nacional é o IPTU inequivocamente um imposto real.

"Sob o império da atual Constituição, não é admitida a progressividade fiscal do IPTU, quer com base exclusivamente no seu art. 145, § 1º, porque esse imposto tem caráter real que é incompatível com a progressividade decorrente da capacidade econômica do contribuinte, quer com arrimo na conjugação desse dispositivo constitucional (genérico) com o art. 156, § 1º (específico).

"A interpretação sistemática da Constituição conduz inequivocamente à conclusão de que o IPTU com finalidade extrafiscal a que alude o inciso II do § 4º do art. 182 é a explicitação especificada, inclusive com limitação temporal, do IPTU com finalidade extrafiscal aludido no art. 156, I, e § 1º.

ambos da Constituição da República, afirmando que a lei municipal só podia dispor, como dispôs, depois da existência de um plano diretor, como também da lei federal, para disciplinar o assunto, tal como referido na Constituição, no § 4º do art. 182.

"Não procedem, a meu sentir, as razões invocadas pelo apelante, em sua manifestação recursal, em nenhum de seus tópicos.

"O Município de Belo Horizonte, para legislar, como na Lei n. 5.641, o fez sem ofensa à Carta Magna, pois que podia fazê-lo em matéria tributária, específica de competência do Município e de seu interesse exclusivo, tributário, de cunho eminentemente fiscal.

"O IPTU com progressividade, contra o qual se insurge o apelante, tem apoio em duas matrizes. O art. 182 da Constituição da República traz dentro de si a política de desenvolvimento urbano, com o objetivo de dar à propriedade o seu sentido social, para garantir o bem-estar dos habitantes das cidades. Nela, como já dito, admite-se a progressividade do tributo, mas isto não significa que apenas neste caso ela é admitida, como insiste em afirmar o apelante, quando a questão é tratada também no art. 145, § 1º, do mesmo mandamento constitucional.

"Nota-se que no art. 145, § 1º, da CF adota-se a progressividade do imposto, tomando-se por base a capacidade do contribuinte. A lição ministrada pelo professor Sacha Calmon Navarro Coêlho merece aqui ser, em parte, repetida. Disse o mestre, referindo-se à matriz de capacidade do contribuinte: 'Esta última progressividade não cresce ano a ano no funil do tempo, como a anterior. Neste o imposto em si é estruturado com alíquotas progressivas e, pois, menores e maiores no espelho do tempo (alíquotas existentes num mesmo instante)'. No primeiro caso do art. 182, prossegue o insigne jurista, 'a meta optada é remover obstáculos ao plano diretor. Na segunda (art. 145, § 1º), procura-se,

"Portanto, é inconstitucional qualquer progressividade, em se tratando de IPTU, que não atenda exclusivamente ao disposto no art. 156, § 1º, aplicado com as limitações expressamente constantes dos §§ 2º e 4º do art. 182, ambos da Constituição Federal.

"Recurso extraordinário conhecido e provido, declarando-se inconstitucional o subitem 2.2.3 do setor II da Tabela III da Lei n. 5.641, de 22.12.89, do Município de Belo Horizonte."[42]

Cingiram-se os fundamentos, basicamente, à inaplicabilidade do princípio da capacidade contributiva, e, portanto, da progressividade de alíquotas, aos impostos que tenham natureza em função da pessoa do proprietário (imóveis mais valorizados, número de imóveis possuídos, tamanho da propriedade imóvel etc.) fazer atuar o princípio da capacidade contributiva. Agora, se o suposto rico tiver imóveis mas não capacidade econômica, a sua alíquota pode ser contestada em juízo' (*Comentários à Constituição de 1988. Sistema Tributário*, pp. 256-257).

"Não há ofensa alguma também ao CTN, que admite, como a Constituição, a diferenciação de alíquotas, que outro objetivo não tem senão estimular a construção civil, em período de tanta falta de edificação de moradia. O próprio STF já se manifestou a respeito do estabelecimento de alíquotas progressivas, como se vê em *RTJ* 77/184.

"O insigne professor paulista Geraldo Ataliba, em *Do Imposto sobre a Propriedade Predial e Territorial Urbana*, p. 286, destaca a obra de dois ilustres professores mineiros, Misabel Derzi e Sacha Calmon Navarro Coêlho, no sentido de que 'a progressividade é o fenômeno pelo qual as alíquotas de um imposto crescem à medida que aumentam as dimensões ou intensidade da circunstância considerada pela norma como condição de sua aplicabilidade. Já assentamos que a base do cálculo permanece inalterada, variando apenas a circunstância normativamente eleita como condição de aplicação de alíquota'. E é ainda de Geraldo Ataliba o que ele arremata: 'O IPTU, como todos os impostos, deve ser estruturado de modo a satisfazer as exigências do princípio da capacidade contributiva (art. 145, § 1º). Sua disciplina deve obedecer à isonomia tributária (art. 150, II). A progressividade pode ser fiscal e extrafiscal. A extrafiscal urbanística depende de obediência ao art. 182 da CF. Não pode ser adotada agora. A fiscal pode e deve porque integra a natureza e o perfil do IPTU' — transcrito do voto prolatado pelo Juiz Alexandre Germano, do Tribunal de Alçada do Estado de São Paulo, publicado em *RT* 655/106-108.

"A sentença de 1º grau, da lavra do Juiz Francisco José Lopes Albuquerque, merece integral confirmação, pois aplicou à espécie o Direito de modo adequado.

"Por tais considerações *nego provimento* ao apelo."

42. Transcrevemos: "Tabela III – Alíquotas do IPTU (...) II – Lotes não edificados e situados em logradouro com três ou mais melhoramentos: (...) 2.2 classificados nas demais zonas de uso: (...) 2.2.3 valor venal acima de 1.868 até 4.152 UFPBH ... 3,1%".

real, como seria o caso do IPTU. Ademais, adotou-se a posição de que este imposto só admite a progressividade que atenda ao disposto no art. 156, § 1º, aplicado com as limitações expressamente constantes dos §§ 2º e 4º do art. 182, ambos da Constituição Federal. Ressalte-se, porém, que se trata de uma decisão válida apenas *inter partes*.

Transcrevemos, por oportuno, excertos do voto vencedor, da lavra do Min. Moreira Alves:

"Ora, no sistema tributário nacional, é o IPTU inequivocamente um imposto real, porquanto tem ele como fato gerador a propriedade, o domínio útil ou a posse de imóvel localizado na zona urbana do Município, sem levar em consideração a pessoa do proprietário, do titular do domínio útil ou do possuidor, tanto assim que o Código Tributário Nacional ao definir seu fato gerador e sua base de cálculo não leva em conta as condições da pessoa do sujeito passivo.

"(...).

"A interpretação sistemática da Constituição conduz inequivocamente à conclusão de que o IPTU com finalidade extrafiscal a que alude esse inciso II do § 4º do art. 182 é a explicitação especificada, inclusive com limitação temporal, do IPTU com finalidade extrafiscal aludido no art. 156, I, e § 1º, até porque não tem sentido que se admitam, no mesmo texto constitucional, com a finalidade extrafiscal de atender à mesma função social da propriedade, um IPTU sem limitações que não as decorrentes da vontade de cada Município e outro IPTU com as limitações expressamente estabelecidas pela Carta Magna, podendo um excluir o outro, ou ser instituídos cumulativamente."

O Min. Carlos Mário Velloso, todavia, em voto vencido, sustentara que nossa Constituição Republicana em vigor admite a utilização de alíquotas progressivas no IPTU tanto para fins puramente fiscais (art. 145, § 1º) como para fins extrafiscais de política urbana (art. 182, § 4º, II).[43]

---

43. No tocante ao Município de São Paulo, o STF, por maioria de votos, não conheceu do recurso extraordinário e declarou, *incidenter tantum*, a inconstitucionalidade do art. 7º e seus incisos I e II da Lei n. 10.921/90, ratificando esse entendimento, que agora vira jurisprudência. Vencido o Min. Carlos Velloso, que conhecia e dava provimento ao recurso interposto pelo Município de São Paulo. Essa decisão beneficia apenas a empresa Redutores Transmotécnica Ltda., autora do recurso extraordinário contra a progressividade do imposto (REsp 204.827-5, rel. Min. Ilmar Galvão, j. 12.12.96, *DJU* 19.12.96, p. 51.764).

8.7 Comentários

Segundo nosso pensar, há, *grosso modo*, dois tipos de progressividade nos impostos, conhecidas como:

1) *progressividade fiscal*, decorrente do princípio da capacidade contributiva, cuja presença, nesta hipótese, torna-se imprescindível em todo e qualquer imposto;

2) *progressividade extrafiscal*, que, segundo entendemos — embora exigível apenas e tão-somente desde que respeitados certos pressupostos constitucionais —, sempre que verificável, poderá ser aplicada concomitantemente com a progressividade fiscal.

É dizer: "o emprego da extrafiscalidade não se confunde com a necessidade de obediência ao princípio da capacidade contributiva", como bem observa Elizabeth Nazar Carrazza.[44]

Assim, numa acepção ampla, cremos que o IPTU, quanto aos fins perseguidos, pode-se se subsumir basicamente em duas categorias, qualquer que seja a denominação empregada, *v.g.*, imposto fiscal e extrafiscal, ordinatório e não-ordinatório, urbanístico e não-urbanístico.

Ademais, foi visto que o emprego da extrafiscalidade nos impostos deve se ater ao mesmo regime jurídico-constitucional dos impostos com fins meramente fiscais, mormente o princípio da isonomia, o qual não poderá ser infringido, sob pena de imputar efeitos confiscatórios aos tributos, o que é expressamente vedado pelo nosso ordenamento jurídico.

Assim, com apoio no § 1º do art. 145 da Lei Maior, todos os impostos admitem a progressividade fiscal, isto é, com base no princípio da capacidade contributiva.

Em outras passagens, todavia, prevê a Constituição Republicana os casos em que determinados impostos devem também atender a finalidades extrafiscais.

Assim — convém reafirmar —, não acatamos a classificação econômica dos impostos em reais e pessoais e, de conseguinte, não defendemos a tese de que o princípio da capacidade con-

---

44. In *IPTU e progressividade* ..., p. 102. Em seguida, explicita a susocitada autora: "(...) não há necessidade de se editar um plano diretor, para que o Imposto sobre a Propriedade Predial e Territorial Urbana seja graduado de acordo com a capacidade econômica dos contribuintes".

tributiva não se estende a todos os impostos, mas apenas aos que têm caráter pessoal.

Noutro dizer: sustentamos que todos os impostos têm natureza pessoal, pois revelam um vínculo jurídico entre pessoas. Coisas não podem figurar como sujeitos passivos ou ativos das obrigações jurídicas.

Demais disso, infere-se da Constituição — a qual, além de rotular as espécies tributárias, indicou as respectivas hipóteses de incidências — que os fatos geradores dos impostos devem ser passíveis de valoração econômica.

8.7.1 Progressividade fiscal e extrafiscal

Assim, embora coexistam na tributação via impostos finalidades fiscais e extrafiscais, é cabível referida distinção, uma vez que sempre há um objetivo preponderante sobre o outro. Essa classificação, ainda que demasiadamente ampla, serve para ressaltar que nos impostos ditos fiscais busca-se apenas abastecer os cofres públicos com o dinheiro proveniente de sua arrecadação. Sobressai, aqui, o princípio da capacidade contributiva, o qual deverá ser rigorosamente observado.

Nos impostos extrafiscais quer-se atender prioritariamente a quaisquer outros fins, menos — ainda que esta se verifique — a arrecadação do dinheiro público. Nestes casos, muito embora possa vir a ser quase sempre despiciendo o respeito ao princípio da capacidade contributiva, especificamente, há, por outro lado, de ser sempre e necessariamente acatado o princípio geral da isonomia.

Sintetizando essas idéias, temos que a progressividade fiscal e a progressividade extrafiscal dos impostos coexistem, havendo apenas preponderância de uma sobre a outra, conforme o caso. Tratando-se, no entanto, de progressividade extrafiscal — portanto, onde os fins extrafiscais predominam sobre os meramente fiscais —, torna-se prescindível o respeito ao princípio da capacidade contributiva.

Traçada essa distinção, resta possível laborar outras classificações dos impostos quanto ao critério empregado para o atingimento de fins extrafiscais, isto é, para a imposição de alíquotas progressivas.

Deveras, por meio da tributação extrafiscal torna-se possível promover o equilíbrio da economia nacional e, concomitantemente, proporcionar a igualdade entre as diversas regiões do país, mediante, por exemplo, a concessão de incentivos regionais (progressividade favorecedora).

Ainda para ilustrar, no caso do IPI é possível satisfazer o princípio da isonomia por meio da seletividade em função da essencialidade do produto, de forma a que haja variação de alíquotas e, até mesmo, concessão de isenção consoante se trate de produtos essenciais ou supérfluos.

No caso do IPTU o fim preponderantemente escolhido pelo legislador constituinte consiste — mediante o estabelecimento de um plano diretor — em assegurar o cumprimento da função social da propriedade urbana. Neste caso, o IPTU com alíquotas progressivas visa a evitar o mau uso da propriedade urbana. E o IPTU progressivo no tempo seria o recurso mais enérgico para se alcançar tal finalidade.

Restringir-nos-emos, agora, com maior detença, às classificações que entendemos juridicamente adequadas no que tange à extrafiscalidade do IPTU.

Parece-nos, na verdade, que bastaria falar em extrafiscalidade com fins ordinatórios, mais precisamente urbanísticos, já que se trata de um imposto da esfera de competência municipal, passível de ser empregado para assegurar o cumprimento da função social da propriedade urbana. Assim, sob essa ótica, os impostos poderiam ser progressivos para atender aos fins urbanísticos, na forma propugnada pela Constituição Federal.

Quanto ao IPTU progressivo no tempo, o critério que deve ser empregado para graduar as alíquotas para o atingimento desses fins urbanísticos deve cingir-se ao *tempo*, por determinação expressa da Lei Maior, assim como também existe tal determinação em relação ao IPI, quando impõe a adoção do critério da essencialidade dos produtos para se satisfazer o princípio da seletividade e, de conseguinte, o da igualdade na tributação.

Exemplifiquemos: há um plano diretor de certo Município discriminando determinados bairros, isto é, estabelecendo as áreas que deverão ser destinadas a indústrias e outras apenas a residências. Como se infere, cuida-se de fins ordinatórios ou urbanísticos perseguidos pelo legislador municipal. Mas para tanto mister se faz a utilização da progressividade das alíquotas do IPTU para forçar a observância do referido plano diretor. Perguntamos, então: qual o critério genérico que deve ser utilizado para o estabelecimento desta diferenciação de alíquotas? Respondemos: o mau uso da propriedade. Deste podem ser extraídos outros critérios mais específicos para atingir aquela finalidade maior, os quais dependem do que estiver disposto no plano diretor municipal.

Neste caso, teremos, por exemplo, os critérios elencados por Aires Fernandino Barreto ao laborar a classificação dos impostos de natureza extrafiscal (superfície, valor, destinação etc.).

Não surtindo efeitos, recorre-se, então, à progressividade no tempo. Deveras, quanto mais persistir o proprietário do imóvel em desrespeitar o plano diretor do Município, por exemplo, mantendo uma indústria num bairro estritamente residencial, deverá sofrer, concomitantemente, uma majoração do imposto devido.

Na verdade, cremos que há dois critérios para se atender a dois objetivos: o primeiro é critério que leva em consideração o mau uso da propriedade, nas diversas modalidades expostas no plano diretor municipal. E, persistindo de fato o mau uso da propriedade, poderá haver outro critério para a graduação da alíquota do IPTU: o tempo.

Mas perguntamos: não existirá outro critério qualquer para ensejar tributação extrafiscal? Cremos que não; isto é, se houver, enquadrar-se-á no conceito amplo e geral de "mau uso da propriedade". Desta forma, nada impede que sejam destacadas, para facilidade didática, as hipóteses que, se configuradas, representariam o mau uso da propriedade: terreno baldio, construção irregular ou em local inadequado etc.

Outrossim, entendemos que, nestes casos, será sempre imprescindível a existência de plano diretor do Município para que se possa estabelecer, por exemplo, quais os locais que seriam inadequados para permanência ou construção de imóveis, isto é, quais os critérios que deveriam ser considerados para fixar alíquotas progressivas.

Outra questão que não pode ser descuidada diz respeito à natureza jurídica da extrafiscalidade urbanística, ou seja: revelaria esta caráter sancionatório ou não?

Como já restou explicitado linhas atrás, o Estado serve-se do Direito para disciplinar a conduta social, tendo em vista o Bem Comum. Esta regulamentação do comportamento humano pode ser alcançada quer por meio de uma atuação direta, quer mediante uma atuação indireta do Estado.

Aquela se verifica quando há normas jurídicas prescrevendo a ilicitude de certos atos ou fatos sociais. No segundo caso, o Estado, via tributação extrafiscal, obtém, portanto, indiretamente e, via de regra, com melhor resultado, a conduta desejada.

A distinção é de extrema relevância, pois, como sabemos, o ordenamento jurídico brasileiro veda a tributação incidente sobre fatos ilícitos. É dizer: na hipótese de incidência da norma tributária só poderá constar a descrição de fatos ou condutas lícitas.

Assim, os chamados impostos proibitivos, por exemplo, não tributam fatos ilícitos, mas lícitos, pois essa forma de atuação indireta do Estado alcança melhores resultados — atingimento eficaz dos fins ordinatórios — que a vedação pura e simples do comportamento tido como socialmente inadequado.

Doutro lado, juridicamente, em tais hipóteses somente poderá ser exigido o *tributo*, isto é, dinheiro, ainda que este, como vimos, consista num objetivo secundário.

É o que, segundo pensamos, verifica-se, por igual modo, com a tributação extrafiscal.

Exemplifiquemos. Diz o antecedente da norma secundária do IPTU: *ser proprietário de terreno situado na zona urbana*. Em seguida, prescreve o conseqüente da norma secundária: *o proprietário deve pagar o IPTU*. Mas, ao apurar o montante devido, há de se buscar a alíquota aplicável, quando, então, verificar-se-á qual o critério escolhido para eventual diferenciação.

Sob esse prisma, parece-nos evidente que não se está tributando um fato ilícito, mas apenas pressionando o agente realizador do fato imponível a fazer bom uso de sua propriedade. Por outras palavras, buscando-se efetivar o cumprimento da função social da propriedade, na forma prevista pelo plano diretor do Município, veiculado por lei municipal, independentemente da existência de prévia lei federal, em face do princípio da autonomia política dos entes públicos.

De conseguinte, a noção jurídica de tributo apresentar-se-ia em conformidade com as afirmações ora esboçadas.

Deveras. Tributo, juridicamente, é toda obrigação pecuniária, *que não constitua sanção por ato ilícito*, cujo sujeito ativo é, de regra, pessoa política de direito público e cujo sujeito passivo é quem realiza o fato imponível.

Por primeiro, cremos ser despicienda tal característica no que tange às taxas e à contribuição de melhoria, já que em tais casos o fato descrito na hipótese de incidência da norma tributária necessariamente só pode ser lícito, como lícita deve ser toda atividade pública. Aliás, diz o princípio de ordem pública que a Administração só pode fazer o que estiver permitido em lei.

Por outro lado, vimos de ver que com relação aos impostos o recolhimento devido não constitui, a nosso sentir, sanção pelo descumprimento do suposto da perinorma, ou norma primária de Kelsen, mas apenas enseja a progressividade de alíquotas.

9
LANÇAMENTO DO IPTU

9.1 Espécies de lançamento. 9.2 Alteração do valor venal: 9.2.1 Atualização monetária — 9.2.2 Planta genérica de valores — 9.2.3 Má avaliação do imóvel — 9.2.4 Impugnação ao lançamento. 9.3 Notificação do lançamento. 9.4 Prazo decadencial e prescricional.

Como já assinalamos no início deste trabalho, está constitucionalmente assegurada ao Município a competência para instituir e majorar o IPTU. Noutro dizer: lei municipal, apenas, deve delinear os aspectos de sua hipótese de incidência, sua base de cálculo e a alíquota respectiva.

Vimos também que a obrigação tributária constitui-se necessariamente da associação de dois sujeitos a um objeto, podendo ser, graficamente, assim representada:

Sa____crédito____$____débito____Sp

Onde:
Sa = sujeito ativo
Sp = sujeito passivo

Crédito = direito subjetivo do sujeito ativo (credor) da obrigação tributária de exigir o objeto prestacional, representado por uma importância em dinheiro.

Débito = dever jurídico de cumprir a obrigação (débito tributário, de seu turno, é o dever jurídico do sujeito passivo — contribuinte — de entregar ao sujeito ativo o objeto da prestação — quantia em dinheiro).

Registre-se, de passagem, que o desaparecimento de qualquer um desses elementos enseja a extinção da obrigação tributária. De conseguinte, o art. 140 do Código Tributário Nacional, embora afirme que as alterações feitas ao crédito tributário não afetam a obrigação, incorre em impropriedade terminológica ao averbar que a exclusão da exigibilidade do crédito não modifica a estrutura da obrigação tributária, quando, na verdade, a exclusão do crédito implica a própria extinção da obrigação.[1]

Realizado o fato imponível, nasce *in concreto* a obrigação do contribuinte de pagar o tributo. Neste exato momento, doutra parte, também nasce para a Fazenda Pública o direito à satisfação da prestação tributária.

Todavia, nem sempre o crédito tributário apresenta-se imediatamente em perfeito estado de liquidez, de forma a ser exigível de plano. Destarte, a regra geral é a de que os créditos tributários precisam ser apurados, por via do ato administrativo denominado *lançamento*.[2]

O lançamento conferirá liquidez ao crédito tributário, tornando-o exigível pelo Fisco. Ou seja: o crédito existe, e existe desde o exato momento em que se realizou o fato imponível; todavia, não tem a Fazenda Pública condições de cobrá-lo, isto é, de efetuar imediatamente sua arrecadação, enquanto não estiver devidamente formalizado, o que somente poderá se verificar por meio do lançamento.

Em suma, o lançamento dirá quem deve pagar e quanto se deve pagar. Tratando-se de IPTU, significa identificar o proprietário, determinar o valor venal do imóvel, dizer qual é a alíquota aplicável.

Julgamos, deste modo, oportuno trazer a contexto o conceito e as funções do ato administrativo denominado lançamento,

---

1. Diz o dispositivo: "Art. 140. As circunstâncias que modificam o crédito tributário, sua extensão ou seus efeitos, ou as garantias ou os privilégios a ele atribuídos, ou que excluem sua exigibilidade não afetam a obrigação tributária que lhe deu origem".

2. Lançamento tributário — ensina Eurico Marcos Diniz de Santi — "é o ato-norma administrativo que apresenta estrutura hipotético-condicional. Este associa à ocorrência do fato jurídico tributário (hipótese) uma relação jurídica intranormativa (conseqüência) que tem por termos o sujeito ativo e o sujeito passivo, e por objeto a obrigação deste em prestar a conduta de pagar quantia determinada pelo produto matemático da base de cálculo pela alíquota" (cf. *Lançamento tributário*, p. 135).

que, com profunda clareza e meritória simplicidade de exposição, foram assim apresentados pelo inolvidável Alfredo Augusto Becker:

"O lançamento (*accertamento*) tributário consiste na série de atos psicológicos e materiais e/ou jurídicos praticados pelo sujeito passivo (contribuinte), ou pelo sujeito ativo (Estado) da relação jurídica tributária, ou por ambos, ou por um terceiro, com a finalidade de, investigando e analisando fatos pretéritos:

"a) constatar a *realização* da hipótese de incidência e a *incidência* infalível (automática) da regra jurídica tributária que ocorreu no momento em que aquela sua hipótese de incidência se realizou;

"b) captar o *fato* que realizou o *núcleo* (*base de cálculo*) daquela hipótese de incidência e que já estava predeterminado pela regra jurídica ao indicar a base de cálculo do tributo;

"c) proceder à *transfiguração* daquele núcleo (base de cálculo) em uma *cifra aritmética*, mediante a aplicação do *método de conversão* (peso, medida ou valor) já preestabelecido pela regra jurídica;

"d) calcular a *quantidade aritmética* do tributo, mediante a aplicação da alíquota (que fora prefixada pela regra jurídica) sobre o *núcleo* da hipótese de incidência (base de cálculo), *agora já transfigurado* numa cifra aritmética."[3]

Com efeito, à lei incumbe dizer que a base de cálculo do IPTU é o valor venal do imóvel, ou seja, determinar o valor do imóvel *in abstracto*. Doutra parte, ao ato jurídico administrativo intitulado lançamento reserva-se a atribuição de, aplicando a lei ao caso específico, apurar o valor do imóvel *in concreto*.

Não vamos adentrar, nesta obra, a questão pertinente em saber se o lançamento é ato ou procedimento administrativo, mas apenas abordar questões que julgamos relevantes no que tange ao lançamento do IPTU.

Convém, porém, ressaltar que o lançamento é atividade própria da Administração, vinculada e obrigatória.[4] A propósito,

---

3. In *Teoria geral* ..., pp. 326 e 327.

4. Salienta Héctor Villegas:

"As suas regras de atuação não dão opção ou liberdade de eleição entre vários resultados possíveis. Pelo contrário, requerem *uma solução única*, que inclusive possa ser objeto de controle jurisdicional."

lembra Aires Fernandino Barreto que "vinculados são os atos nos quais o conteúdo e a forma, fixados em lei, hão de ser obedecidos". Por obrigatórios — continua o autor — "devemos entender que sua imposição é imperativa, sem quaisquer tergiversações". E, mais à frente, robora: "A função administrativa é sempre infralegal, é função que somente pode ser legitimamente desenvolvida *secundum legis*. E em matéria de imposição de tributos não há campo para a discricionariedade da autoridade administrativa, eis que se trata de atividade plenamente vinculada. Não há, para o administrador, no âmbito da atividade impositiva de natureza tributária, qualquer margem à discricionariedade".[5]

Vejamos, outrossim, o disposto no art. 141: "Art. 141. O crédito tributário regularmente constituído somente se modifica ou extingue, ou tem sua exigibilidade suspensa ou excluída, nos casos previstos nesta Lei, fora dos quais não podem ser dispensadas, sob pena de responsabilidade funcional na forma da lei, a sua efetivação ou as respectivas garantias".

Neste dispositivo restou observado o princípio da indisponibilidade dos bens públicos ao se vedar ao funcionário da Administração Tributária a dispensa da efetivação do crédito tributário, determinado ou não, ou das respectivas garantias, pois, como restou mencionado, o lançamento administrativo é ato vinculado e obrigatório.

9.1 Espécies de lançamento

O lançamento pode ser direto, ou de ofício; misto, ou por declaração; e, finalmente, por homologação (arts. 147 a 150 do Código Tributário Nacional). Trata-se, pois, de três modalidades de lançamento.

No dizer de Alfredo Augusto Becker: "(...) A pessoa incumbida de praticar os atos que realizam o lançamento pode ser tanto o sujeito ativo da relação jurídica quanto o sujeito passivo, ou

---

"Tampouco há discricionariedade nas 'valorações técnicas', ou seja, *nos conceitos de difícil apreciação e cuja devida avaliação requer conhecimentos ou regras de tipo técnico* (médico, contábil, geológico etc.). Embora, em tais casos, se requeira uma apreciação valorativa e a resposta possa não ser única, mas alternativa, tal alternatividade não implicará, de modo algum, em 'opção' segundo conveniência ou oportunidade" (cf. *Curso de direito tributário*, p. 152).

5. In *RDTributário* 45/189 e 192.

ambos, ou o terceiro. Tudo depende do que estiver predeterminado na regra jurídica que disciplina o lançamento e cuja criação fica ao arbítrio do legislador".[6]

No lançamento misto, ou por declaração, colaboram ambas as partes para sua feitura. Cite-se como exemplo o Imposto Territorial Rural, conhecido também pela sigla ITR.

No lançamento por homologação quase todo o trabalho é atribuído ao administrado, restando ao Fisco apenas verificar a regularidade dos atos praticados.[7] Como exemplo podemos mencionar o Imposto sobre Produtos Industrializados (IPI), o Imposto sobre Operações relativas à Circulação de Mercadorias e sobre Prestações de Serviços de Transporte Interestadual e Intermunicipal (ICMS), o Imposto de Renda (IR) etc.

Já o lançamento direto, ou de ofício, é o que dispensa a participação do administrado, ou seja, todas as providências ficam a cargo da Administração. É o caso do lançamento do IPTU, em que, como bem sintetiza Hugo de Brito Machado: "As entidades da Administração Tributária, no caso as Prefeituras, dispõem de cadastro dos imóveis e com base neste efetuam, anualmente, o lançamento do tributo, notificando os respectivos contribuintes para o seu pagamento".[8]

6. In *Teoria geral* ..., p. 327.

7. Ensina Paulo de Barros Carvalho: "O legislador, entretanto, buscou um meio de atalhar o problema, denominando simples procedimentos controladores de *lançamentos por homologação*. Supôs assim que com tal medida salvaguardaria o 'sobranceiro' princípio implícito de que a cada tributo necessariamente corresponde um ato de lançamento. (...). A conhecida figura do *lançamento por homologação* é um ato jurídico administrativo de natureza confirmatória, em que o agente público, verificado o exato implemento das prestações tributárias de determinado contribuinte, declara, de modo expresso, que obrigações houve, mas que se encontram devidamente quitadas até aquela data, na estrita consonância dos termos da lei. (...). Quando é que o funcionário da Fazenda lavra a homologação? Exatamente quando *não pode celebrar o ato jurídico-administrativo do lançamento*. E por que o agente público exara o lançamento? Precisamente porque *não pode realizar o ato jurídico-administrativo de homologação*. Eis a prova. Lançamento e *homologação de lançamento* são realidades jurídicas antagônicas, não podendo subsistir debaixo do mesmo epíteto" (*Curso* ..., 10ª ed., p. 270).

8. In *Curso* ..., p. 367. Para aclarar, ressalta Héctor Villegas que a variedade de métodos, considerada intrinsecamente, não dispõe de maior relevância e, definitivamente, está dada pela maior ou menor participação atribuída ao particular na consecução da finalidade consistente em estabelecer, em cada caso concreto, a existência e a quantia da obrigação tributária substancial (in *Curso* ..., p. 158).

No dizer de Misabel Derzi, o "lançamento do IPTU é ato privativo da Administração Pública, por ela realizado de ofício. Somente o Poder Executivo Municipal tem o dever de declarar o acontecimento do fato jurídico, identificar o sujeito passivo, avaliar o imóvel sobreaplicando-lhe a alíquota, na determinação do montante do tributo a pagar".[9]

Aires Fernandino Barreto, no entanto, adverte que o critério ensejador da referida classificação deve ser o grau de intensidade de participação do contribuinte na elaboração do lançamento, pois, na verdade, todas as modalidades de lançamento supõem uma participação do contribuinte, ainda que mínima. Noutro dizer: não há lançamento realizado apenas e tão-somente pelo Fisco. Com efeito, esclarece o autor:

"A nosso ver, em todas as espécies de lançamento, inclusive o direto (também chamado 'de ofício' ou *ex officio*), há a colaboração do contribuinte. O problema se reduz no grau dessa colaboração, à intensidade com que se dá.

"A razão primacial de não terem os doutrinadores se apercebido disso reside no fato de que no IPTU não há a obrigatoriedade de apresentar-se a declaração em vista de que, em relação ao primeiro, os dados oferecidos mantêm-se, como regra, inalterados, dispensando-se, por economia processual e visando a facilitar o cumprimento das obrigações pelos contribuintes, a entrega de declarações com elementos repetitivos aos já informados. De outra parte, como dissemos, o problema é de intensidade. Enquanto que o Imposto sobre a Renda envolve também a conferência pela autoridade administrativa, no IPTU, inversamente, o usual é que esses cálculos sejam procedidos diretamente pela autoridade administrativa, facultada a conferência pelo contribuinte, a partir da notificação.

"Esclarecido este ponto, resulta que, pela menor intensidade de colaboração para com o Fisco, o Imposto Predial e o Territorial Urbano são considerados integrantes da espécie de lançamento direto."[10]

Misabel Derzi, outrossim, entende não ser prescindível a participação do contribuinte do IPTU na apuração do valor do imóvel.

9. In *IPTU ...*, p. 327.
10. In *RDTributário* 45/190.

Assim, incumbe à Administração Municipal proceder à avaliação do imóvel sujeito à tributação do IPTU — já que, como vimos, trata-se de lançamento direto ou de ofício —, bem como, em seguida, notificar o contribuinte para que ele recolha o montante tributário no prazo devido.

Há, todavia, uma participação mínima do contribuinte, considerando-se que a ele compete apresentar inicialmente a respectiva declaração contendo elementos informativos do imóvel, dispensando-se a apresentação de posteriores declarações quando tragam dados meramente repetitivos, isto é, sem nenhum elemento novo, por questão de economia e celeridade processual.

9.2 Alteração do valor venal

Discute-se na doutrina sobre a necessidade ou prescindibilidade de lei para alterar o valor venal do imóvel para fins de IPTU — noutro dizer: se a alteração da base de cálculo *in concreto* se trata de tarefa que pode ser relegada ao Executivo.

Em outros termos: um imóvel incorretamente avaliado no exercício anterior ou que, embora regularmente avaliado, tenha sido, dentre diversas circunstâncias, altamente valorizado depende de lei municipal que venha retificar seu novo valor venal?

Cumpre, por primeiro, desvendar quais hipóteses caracterizariam, realmente, majoração do valor venal. É dizer: não há dúvida de que a previsão ou qualquer alteração da base de cálculo *in abstracto* é da competência privativa do Legislativo, vedando-se qualquer ingerência do Executivo nesta seara, sob pena de flagrante desrespeito ao princípio da tripartição de Poderes.

Porém, há inúmeras situações que *nem sempre* configuram um aumento do valor do imóvel mas que, diante de uma análise abrupta e superficial dos atos praticados pela Administração, ensejam interpretação contrária. Todavia, sempre que esse aumento se verificar, há de ser respeitado o regime jurídico-tributário.

Vejamos, então, os casos de atualização monetária do valor do imóvel perpetrada por ato regulamentar, das disposições contidas nas denominadas plantas genéricas de valores e até mesmo de reavaliação do valor do imóvel. Cuidaremos desses casos, ainda que em breves linhas, em tópicos à parte.

9.2.1 Atualização monetária

Marçal Justen Filho escreveu proveitoso artigo sobre indexação a lume do direito positivo.[11]

Ensina o autor que, sob o prisma econômico, visa a atualização monetária a vincular o valor nominal da moeda a um certo índice, de forma a que os efeitos decorrentes da variação do seu valor real fiquem neutralizados.

Ou seja: para a Ciência Econômica a indexação é fenômeno relacionado à perda do valor real da moeda, sendo, portanto, um remédio para contrapor-se aos efeitos maléficos da inflação. Tal assertiva, num súbito de vista, ensejaria a conclusão de que, por não haver um agravamento da carga tributária, tornar-se-ia despicienda a fixação de índices de correção monetária por meio de *lei*.

Adverte, inicialmente, o autor que para o nosso ordenamento jurídico em vigor há diversas hipóteses que podem conduzir à indexação, inclusive quando sequer exista o vencimento da obrigação ou não exista ilicitude. Ademais, embora paire a alegação de que a correção monetária não se destina a aumentar a prestação em termos de conteúdo, o fato é que o acréscimo da correção monetária representa sempre uma ampliação qualitativa dos deveres impostos às partes.

Logo, sustenta Marçal Justen Filho que a indexação deve subordinar-se aos princípios tributários: legalidade, anterioridade, irretroatividade, isonomia etc.

Assim também pensamos.

Em matéria tributária a fixação de índices de correção monetária depende necessariamente de lei — assim como da observância *in totum* do regime jurídico-tributário —, pois, ainda que se alegue que a aplicação de tais índices visa apenas a recompor, a atualizar, o valor real do imóvel, na verdade acarreta, em muitos casos, concomitantemente, um aumento considerável dos deveres impositivos — vale dizer, traduz-se num verdadeiro impacto tributário que recai sobre o contribuinte. Logo, não poderia a indexação ser relegada à esfera discricionária da Administração.

De conseguinte, cremos que deverá ser observado o regime jurídico-tributário para a atualização monetária, *ainda que esta*

---

11. Cf. "Breve abordagem jurídica da indexação", *RDTributário* 60/73-81.

não venha a ocasionar um aumento do valor venal do imóvel, mas simplesmente pelo fato de, por si só, carrear um aumento considerável do encargo impositivo.

E por maior razão inadmissível será a majoração do valor venal além da simples atualização monetária sem a observância do regime jurídico-tributário. Veja-se, por oportuno, do Superior Tribunal de Justiça:

"Imposto Predial e Territorial Urbano — Majoração. Não pode o Município, por simples decreto, aumentar o IPTU em valor superior a sua simples atualização monetária. Precedentes do E. STF e deste C. Tribunal. Recurso conhecido e provido" (1ª T., REsp 90.5395, rel. Min. Garcia Vieira, j. 22.4. 91, v.u., *DJU* 20.5.91, p. 6.508).

"IPTU — Base de cálculo — Elevação.

"O art. 97, § 2º, do CTN só autoriza a atualização do valor monetário da base de cálculo do IPTU e não a majoração de seu valor real.

"Ilegítima a majoração do IPTU, por decreto, em valor superior aos índices de correção monetária" (1ª T., REsp 93.31950, rel. Min. Garcia Vieira, j. 15.3.93, v.u., *DJU* 26.4.93, p. 7.181).

Deveras, não poderá haver majoração *acima do valor real do imóvel* mediante simples ato da Administração, sob pena de violação ao princípio da legalidade, ainda que se alegue tratar-se de mera atualização monetária.

Concluímos, em síntese, que, havendo ou não um aumento do valor real do imóvel, ainda que por força de atualização monetária, será sempre imperiosa a observância do regime jurídico-tributário para sua realização.

9.2.2 Planta genérica de valores

A lei fixa critérios gerais e abstratos e a Administração Fazendária, mediante perícia, levantamentos, plantas de valores etc., verifica *in concreto* o valor do imóvel.

Desse teor, veja-se aresto do Tribunal de Justiça de São Paulo:

"(...).

"3. *Uma vez estabelecida, em lei e pelo valor venal do imóvel, a base de cálculo do IPTU, cabe à Administração Municipal fixar o valor de bens, independente de intervenção do respectivo Legislativo.*

"4. O valor venal, por sua natureza, é estabelecido segundo critério decorrente do fenômeno mercadológico, não da evolução inflacionária.

"5. Sem elementos de convicção seguros, não há como se admitir violado o princípio da capacidade contributiva, insculpido no art. 15, § 1º, da Constituição Federal. Apelo parcialmente provido" (1ª C., Ap. cível 1922663341, rel. Des. Leo Lima, m.v., j. 6.4.93) (grifamos).

Assim, podemos verificar que em pequenos Municípios o levantamento do IPTU é feito por agentes fiscais que diretamente avaliam os imóveis urbanos. O "habite-se", alvará de conservação etc. constituem meios de se comprovar a existência jurídica de prédios, assim como perícias, levantamentos, alvará de demolição, dentre outros, são formas de verificar a existência jurídica de terrenos.

Aires Fernandino Barreto, não obstante, entende ser prescindível que lei municipal expeça mapa para apuração dos valores dos imóveis, sendo suficiente o emprego de técnicas de avaliação.

Tratando-se, no entanto, de Municípios maiores o lançamento do IPTU toma por ponto de partida as denominadas "plantas genéricas de valores", que — no dizer de Roque Antonio Carrazza — constituem autênticos regulamentos, uma vez que explicitam, segundo critérios pragmáticos, a base de cálculo *in abstracto*, previamente definida pela lei. Diz o autor:

"O Poder Legislativo Municipal não pode interferir em qualquer fase da apuração da base de cálculo *in concreto* do IPTU.

"A aprovação do ato regulamentar que veicula a planta genérica de valores é ato da competência privativa do Executivo Municipal. Nem se alegue que com a revisão dos valores se modifica a base de cálculo do tributo. Pelo contrário, apenas se permite um melhor cumprimento da lei que fixou a base de cálculo *in abstracto* do IPTU. É inconstitucional a lei que interfere (ou que pretende interferir) neste assunto, que, repita-se, é-lhe inteiramente estranho."

Em seguida, ressalta o conceituado autor:

"(...) a 'Planta de valores' baixada, ano a ano, por meio de decreto regulamentar, não cria nem uma ficção nem uma *presunção absoluta* de que o imóvel possui o valor nela especificado, mas, tão-somente, uma *presunção relativa* (*iuris tantum*).

"Sem dúvida, se a 'planta de valores' tivesse caráter de ficção ou de presunção absoluta, poderia, em alguns casos, ensejar uma *majoração indireta* do tributo (o que nosso sistema constitucional veda). Já revestindo a natureza de uma presunção relativa, sempre restará ao contribuinte a possibilidade de bater às portas do Judiciário para fazer prova de que seu imóvel urbano não vale aquilo que a Administração Pública, estribada em suas 'plantas genéricas de valores', supôs.

"A razão disto está na circunstância de que todo ato administrativo desfruta, até prova em contrário, de uma presunção de legalidade. Este aval que a ordem jurídica lhe dá só cede passo ante inequívoca demonstração em sentido oposto, produzida pelo administrado (no caso, pelo contribuinte cujo imóvel valer, de fato, menos do que a Administração entende)."[12]

Demais disso, a atualização do valor venal do imóvel por meio das plantas genéricas de valores não implica aumento abstrato da base imponível do IPTU, "mas apenas perquire a verdade material que, neste caso, é cambiante, já que pode alterar-se em função dos índices de desvalorização da moeda, das benfeitorias que o imóvel receba, das obras públicas realizadas em suas imediações etc.".[13] Enfim, as plantas genéricas de valores desempenham a relevante função de facilitar a apuração *in concreto* do valor venal do imóvel.

Sampaio Dória, de sua vez, salienta que a pauta de valores configura uma presunção relativa, pois numa cidade grande é praticamente impossível, na ausência de um mapa ou pauta de valores, estabelecer-se o valor de cada imóvel em circunstâncias de tipo de construção, de localização de bairros etc. E explicita o autor: "As presunções consubstanciadas nessas pautas de valores, no meu modo de ver, só podem ser relativas, porque, se elas forem absolutas e não permitirem prova em contrário, estão desfigurando o caráter legal da obrigação tributária na base de cálculo, em que não o legislador, mas o administrador, diz: *tal operação tem o valor de tanto*. Absolutamente, pode não ter. Se tivesse a presunção esse caráter absoluto, estaria sendo infringido o princípio da legalidade. O legislador, quando diz que o valor da operação é a base de cálculo de incidência do tributo, está supondo que esse valor seja o valor apurável no processo contraditório,

---

12. In "IPTU — Planta genérica de valores", *RDTributário* 29-30/130 e 131.
13. In "IPTU — Planta genérica de valores", *RDTributário* 29-30/132.

ou mediante discussão administrativa. Não é um valor absoluto que a Administração vem afixar, porque estaria fazendo o papel de legislador, quase criando um tributo fixo. Assim, dizer 'o preço de tal produto é tanto' é não admitir prova em contrário. Pautas de valores e mapas de valores constituem presunção, mas com a ressalva que são presunções relativas e que comportam prova em contrário. Se assim não fosse, o lançamento seria totalmente ilegal".[14]

Com efeito, também assinala Alberto Xavier que a determinação do valor venal do imóvel pode ser feita não apenas por meio de lançamento, mas também por via de ato regulamentar. Neste caso, compete ao regulamento "estabelecer previamente quais são os critérios, as regras, os princípios, que hão de nortear as autoridades avaliadoras na apuração em concreto".[15]

Lembra, outrossim, o ilustre autor, que esta incumbência de cunho administrativo, além de constitucional, atende concomitantemente aos critérios de conveniência e de eqüidade, uma vez que, com o preestabelecimento de critérios gerais para casos semelhantes, os regulamentos evitarão, respectivamente, pluralidade de operações concretas e tratamento isônomico aos casos individuais. Resume-se, a rigor, numa autolimitação da Administração Tributária, "que, em vez de se conceder plena liberdade na investigação e fixação de valores — liberdade que a lei não limita de modo algum —, se impõe como disciplina interna a obrigação de respeitar critérios, princípios e procedimentos que hão de pautar a fixação dos valores nos diversos casos concretos".[16]

Doutro lado, atenta Geraldo Ataliba para o fato de que "a planta de valores imobiliários, como instrumento infralegal — balizador do lançamento —, tem o mesmo cunho deste. Não é ato constitutivo. Não inova a ordem jurídica. Não altera a lei. Não muda o Direito existente. Não constitui a obrigação tributária". E assevera: "Por ser uma condição, pressuposto, ou mesmo parte do ato declaratório do lançamento, é ato que simplesmente *declara* os valores imobiliários existentes".

Com efeito, sintetiza o inolvidável autor:

14. Cf. Antônio Roberto Sampaio Dória, in "Conferências e debates", RDTributário 56/122 e 123.

15. In "Imposto Predial e Territorial Urbano — Determinação da base de cálculo", RDTributário 13-14/89. Em sentido contrário: RT 727/93.

16. Alberto Xavier, in RDTributário 13-14/90 e 91.

"(...) a planta de valores:

"— é ato simplesmente declaratório;

"— não atribui valor a nenhum imóvel, mas *revela, espelha* o valor que nele existe (ou que ele tem);

"— não altera, por isso, a lei, não excedendo o limite que nela se contém;

"— se, eventualmente, em algum caso concreto, sua aplicação, mediante o prosseguimento do lançamento, levar a tal resultado, a ordem jurídica prevê correção administrativa ou judicial;

"— nesse caso, o que se compromete é ou uma interpretação da planta, ou parte da mesma, ou a própria planta concretamente, individualizada; jamais a idéia de planta, ou a competência que o Executivo recebe da lei, para expedi-la;

"— além do mais, a planta se insere na categoria de atos administrativos incumbentes ao Executivo, para instrumentar a ação dos agentes menores da Administração;

"— é ato de execução da lei. Ato privativo, por sua natureza, do Executivo; não altera a lei, mas dispõe no sentido de sua fiel 'execução' (como o quer o n. III do art. 81 da Constituição);

"— é providência concreta administrativa para orientação dos funcionários;

"— é ato de aplicação do Direito. Como observa Celso Antônio Bandeira de Mello, não assume função inaugural, não invade o campo da lei, pela circunstância de constituir-se em instrumento de sua aplicação não a um só caso singular, mas a uma generalidade de casos;

"— além de tudo, como o princípio constitucional da isonomia não se volta apenas ao legislador, mas a todos os órgãos do Estado, a planta funciona como excelente e indispensável instrumento promotor da isonomia e acautelador de desigualações injustificadas ou igualações antiisonômicas.

"Em conclusão, vê-se que não é só razoável como até prudente e necessário que o Executivo fixe em decreto plantas genéricas de valores, a serem aplicadas pelos atos individuais do lançamento, como garantia da objetividade dos direitos, exclusão de qualquer subjetivismo e evitação do arbítrio."[17]

---

17. In "Avaliação de imóveis para lançamento de imposto — Ato administrativo por natureza — Caráter regulamentar da planta de valores — Atua-

Tecidas essas considerações, asseveramos que as plantas genéricas de valores podem e devem ser veiculadas por meio de decreto regulamentar, nos limites da lei. Não é ato administrativo geral porque não é ato normativo geral e *concreto*, mas sim ato geral e *abstrato*, que se renova iterativamente.

Com efeito, as plantas genéricas de valores apenas fixam critérios genéricos para que se torne possível a apuração do valor venal do imóvel, o que de forma alguma implica alteração da base de cálculo do IPTU.

Ademais, essas técnicas genéricas que permitem auferir o valor real do imóvel para fins de IPTU não são presunções absolutas, mas, ao revés, admitem prova em contrário. Noutras palavras: o sujeito passivo do referido imposto poderá insurgir-se contra a avaliação de seu imóvel sempre que entendê-la incorreta.

Em suma, a planta é veiculada por meio de decreto regulamentar que serve de instrumento hábil para aplicar a lei aos casos concretos, satisfazendo concomitantemente o princípio da igualdade. É dizer: a lei explicita a base de cálculo *in abstracto* e a Administração, por meio da planta genérica de valores, dá os critérios genéricos e abstratos que permitem a apuração da base de cálculo *in concreto* — melhor dizendo, a constatação do valor real do imóvel.

9.2.3 *Má avaliação do imóvel*

A má avaliação do imóvel perpetrada em exercícios anteriores não impede que o imóvel seja devidamente reavaliado. Aliás, é dever da Administração, e não apenas do contribuinte, assegurar a correta avaliação do imóvel.

---

lização de valores imobiliários", *RDTributário* 7-8/54 e 55. Aliás, em face dessa função meramente declaratória, há decisão do STJ afirmando ser desnecessária a publicação da planta genérica de valores: "Recurso especial — Dissídio de jurisprudência — Conhecimento — IPTU — Taxa. O conhecimento do recurso especial, tendo como causa dissídio de jurisprudência, requer demonstração analítica para comprovar a identidade do suporte fático. A majoração do IPTU decorre de lei; todavia, a planta de valores dela não precisa constar. Porque meramente declaratória, pode ganhar publicidade por outro meio. A reserva legal restringe-se à definição do fato gerador, da alíquota e da base de cálculo. Evidencia-se a legalidade da taxa comprovado que não repetiu base de cálculo do imposto. Recurso não conhecido" (2ª T., REsp 90.2387, rel. Min. Luiz Vicente Cernicchiaro, j. 18.4.90, v.u., *DJU* 30.4.90, p. 3.526).

Entendemos, outrossim, deva ser responsabilizado administrativa ou judicialmente, conforme o caso, quem agiu de má-fé ao proceder à avaliação do imóvel para fins de IPTU.

A propósito, preleciona Elizabeth Nazar Carrazza:

"Evidentemente, a apuração, ano a ano, do real valor de mercado do imóvel urbano não implica em aumento ou modificação de sua base de cálculo, nem está subordinada simplesmente aos índices de correção monetária. O imóvel urbano pode sofrer alterações de valor por razões de mercado, por força da construção, em suas imediações, de uma obra pública etc.

"Como se isso não bastasse, o imóvel urbano pode ter sido mal-avaliado num dado exercício financeiro. *Isto não significa que, para sempre, o Município está obrigado a — quando muito — chegar aos índices de correção monetária.*

"*Nenhum contribuinte tem o direito adquirido à perpetuação da ilegalidade. A não-atualização da base de cálculo acarretaria um prejuízo ao Erário, não admitido pelo sistema jurídico vigente*"[18] (grifamos).

Com efeito, a apuração incorreta da base de cálculo *in concreto* não constitui obstáculo algum para que se proceda a uma nova avaliação do imóvel. Na verdade, representa um dever da Administração evitar que tal ilegalidade se perpetue,[19] em respeito, sobretudo, ao princípio da moralidade pública.[20]

18. In *IPTU e progressividade* ..., p. 91.

19. Cumpre, todavia, fazer breve alusão a respeito de uma decisão do TJSP em sentido contrário ao por nós ora defendido, onde se entendeu que *a avaliação da propriedade em valor real não pode servir de esteio ao seu lançamento, o que configuraria verdadeiro confisco*. V., para melhor elucidar, parte do voto proferido, decidindo pela anulação do lançamento do IPTU, com base no valor desconsiderado:

"Verifica-se dos autos que a Municipalidade de São Paulo para calcular o valor a ser pago a título de Imposto Predial (IPTU) do ano de 1991 desprezou o valor relativo a 1990, que atingia Cr$ 1.042,00, e fixou para 1991, para o mesmo imóvel, o valor de Cr$ 48.334.455,00, que o contribuinte classificou de confisco.

"Com efeito, para casos tais, não se pode avaliar a propriedade com seu valor real, afastando-se do espírito do art. 33 do CTN, tanto que proclamou o sempre festejado Aliomar Baleeiro, que 'valor venal é aquele que o imóvel alcançará para compra e venda à vista, segundo as condições usuais do mercado de imóveis'" (cf. *RT* 733/230 e 231).

20. A propósito, Lucia Valle Figueiredo fez primoroso trabalho sobre o princípio da moralidade, do qual julgamos pertinente, nesta passagem, transcrever alguns excertos:

9.2.4 Impugnação ao lançamento

Como todo ato administrativo, o lançamento será válido, até que se prove o contrário.

Acabamos de sustentar que a má avaliação do imóvel perpetrada em exercícios anteriores não impede que o imóvel seja devidamente reavaliado, constituindo, na verdade, um dever da Administração, e não apenas do contribuinte, assegurar a correta avaliação do imóvel. É o que também deixa claro Hugo de Brito Machado: "À repartição competente cabe apurar o valor venal dos imóveis, para o fim de calcular o imposto, assegurado, entretanto, ao contribuinte o direito à avaliação contraditória, nos termos do art. 148 do CTN".[21]

Ocorre que, na prática, são atribuídos valores irrisórios à propriedade imobiliária — por exemplo, 10, 20 ou 30% do valor de mercado — e, em contrapartida, são fixadas alíquotas exorbitantes. Esse procedimento impede, de certa forma, a faculdade do contribuinte de questionar em juízo a natureza confiscatória da alíquota imposta, uma vez que dificilmente obterá êxito, em face do ínfimo valor venal atribuído ao imóvel.

Observa, aliás, Alfredo Augusto Becker:

"Antes do lançamento, o direito existe, porém sem exigibilidade (não pode ser exigido). O fato jurídico do lançamento acrescenta o efeito jurídico da exigibilidade àquele preexistente direito. Mesmo depois do lançamento, o sujeito passivo (ou su-

"A Constituição da República, inovadoramente, trouxe a moralidade como princípio expresso da Administração. E, evidentemente, não pode ser a moralidade conotada sem qualquer liame com outros princípios, como, por exemplo, o da legalidade, o da impessoalidade, como também dos princípios implícitos de todo e qualquer ordenamento de um Estado que se pretenda Democrático de Direito, como já assinalado, tais sejam, *lealdade* e *boa-fé*, umbilicalmente ligados à moralidade.

"(...).

"(...) o princípio da moralidade *deverá corresponder ao conjunto de regras de conduta da Administração que, em determinado ordenamento jurídico, são consideradas os "standards" comportamentais que a sociedade deseja e espera*" (in *O princípio da moralidade administrativa e o direito tributário*, trabalho inédito, pp. 7 e 11).

Ademais, como bem acentua Celso Antônio Bandeira de Mello, todo o sistema de direito administrativo se constrói sobre os princípios da supremacia do interesse público sobre o particular e indisponibilidade do interesse público pela Administração (in *Curso de direito administrativo*, p. 48).

21. In *Curso* ..., p. 366.

jeito ativo) da relação jurídica tributária ainda pode oferecer resistência jurídica:

"a) contra a exigibilidade (do direito), desde que prove que os atos que realizaram o lançamento desobedeceram às regras jurídicas que disciplinaram este lançamento;

"b) contra a existência (do direito), desde que prove que os fatos analisados e investigados pelo lançamento não realizaram a hipótese de incidência da regra jurídica criadora do tributo."[22]

Outrossim, como bem assevera Geraldo Ataliba, a propósito da admissibilidade de impugnação ao valor obtido por meio de planta de valores, se esta não cumprir sua função de *declarar* valores existentes e ultrapassar sua esfera própria, *criando* novos valores, bem como se o lançamento que nela se baseou conduzir a superar o valor do imóvel, incumbe ao contribuinte suscitar o contraste judicial, pleiteando avaliação contraditória. Ao juiz, de seu turno, impende substituir-se à autoridade administrativa e *accertare* o valor real, verdadeiro, reduzindo-se proporcionalmente o excesso resultante do lançamento.[23]

Assim, terá legitimidade para proceder à impugnação do lançamento o sujeito passivo da obrigação tributária, sempre que ao menos vislumbrar alguma irregularidade na sua feitura.

9.3 Notificação do lançamento

Efetuado o lançamento, cumpre notificar o sujeito passivo da obrigação tributária para que aquele ato administrativo possa ter eficácia, ou seja, somente após a notificação regularmente feita ao contribuinte passa o lançamento a produzir seus efeitos jurídicos.[24]

A notificação, sempre que possível, deve ser feita pessoalmente, isto é, na pessoa do contribuinte. Registra Aires Fernandino Barreto que a notificação, "seja feita pessoalmente ao sujeito passivo, seja efetuada através de seus prepostos, familiares

---

22. In *Teoria geral* ..., p. 327.
23. In *RDTributário* 7-8/54. Adverte o autor: "A notificação é vulgarmente confundida com o lançamento, porque reflete os mesmos dados e informações contidas nesse ato jurídico. Nada obstante isso, contudo, são entidades essencialmente diversas, se bem que interligadas, na contextura orgânica do procedimento de gestão tributária" (p. 270).
24. Desse teor as lições de Paulo de Barros Carvalho, in *Curso* ..., p. 269.

ou empregados — no seu domicílio — ou seja realizada por via postal registrada, será igualmente apta, desde que, por ela, possa ter o devedor conhecimento dos termos do crédito tributário formalizado pelo lançamento". E, em seguida, alerta que a notificação procedida por edital, publicada no órgão oficial do Município ou na imprensa local, é excepcionalíssima, somente sendo admissível *quando for manifestamente inviável a eficácia dos meios possíveis de localização do sujeito passivo*[25] (grifos do autor).

Cumpre salientar que, salvo disposição em contrário, após regularmente notificado, começa a correr o prazo de 30 (trinta) dias para o contribuinte efetuar o pagamento do tributo. É o que reza o art. 160 do Código Tributário Nacional: "Art. 160. Quando a legislação tributária não fixar o tempo do lançamento, o vencimento do crédito ocorre trinta dias depois da data em que se considera o sujeito passivo notificado do lançamento".

Tido o lançamento como eficaz, torna-se exigível o crédito, ou seja, não cumprida a obrigação, tal como estabelecida no lançamento, fica legalmente credenciada a autoridade administrativa a praticar outro ato administrativo, porém de natureza sancionatória.[26]

9.4 Prazo decadencial e prescricional

Convém relembrar a distinção que se verifica entre a extinção do direito à ação e a extinção da própria ação, ocasionadas, respectivamente, pela decadência e prescrição. A extinção da ação supõe sua existência. Já no caso de decadência, ou seja, para que haja extinção do direito à ação, esta é prescindível.

Na seara tributária fala-se em direito de lançar e direito à ação. O lançamento, uma vez efetuado, possibilita a extinção do direito

---

25. In *RDTributário* 45/189 e 190.

26. Alguns autores costumam designar por auto de infração tanto o ato de aplicação de penalidades (pelo descumprimento de obrigações tributárias) quanto o próprio lançamento (de exigência do tributo), quando, na verdade, são coisas distintas. Auto de infração é mero ato administrativo de aplicação de penalidades. Seu objeto ou conteúdo é a formalização de um vínculo jurídico de caráter sancionatório, em que a prestação é cobrada a título de multa. Tem como finalidade punir o infrator. O que pode ocorrer é que numa mesma peça denominada "auto de infração" encontrem-se essas duas espécies de atos administrativos: o auto de infração e o lançamento (cf. Paulo de Barros Carvalho, in *Curso* ..., pp. 272 e ss.).

à ação caso esta não seja proposta dentro do prazo prescricional. Neste caso, no entanto, continua existindo o direito material.

Assim, para ilustrar a relevância desta distinção, se um contribuinte efetuar o pagamento de um tributo, não obstante tenha sido beneficiado pela decadência, poderá pleitear sua restituição, uma vez que o direito do Fisco à sua exigibilidade já havia desaparecido pelo decurso do prazo decadencial.

Tratando-se, porém, de contribuinte beneficiado pela prescrição e já tendo sido efetuado o pagamento do tributo, não mais poderá requerer sua devolução, haja vista que o direito material do Fisco de obter o recolhimento do tributo em nenhum momento deixou de existir, mas tão-somente o direito à ação.

Fábio Fanucchi, a propósito, faz precisa explanação, a saber:
"O termo inicial da decadência é o nascimento do direito. O termo inicial da prescrição é o desrespeito ao direito.

"Nascimento do direito, por quê? Desde o instante em que o direito nasce, ele tem de ser exercido pelo sujeito ativo. E o desrespeito do direito, por quê? Desde o instante em que o direito for desrespeitado é que se torna necessária a ação. Como a prescrição se dirige contra o direito de ação, o indivíduo que não age no instante em que seu direito for desrespeitado perde o direito de agir."[27]

O prazo decadencial nunca se interrompe nem se suspende, isto é, flui continuamente desde a realização do fato imponível,

---

27. In "Decadência e prescrição em direito tributário", *VI curso de especialização em direito tributário*, v. I/573. V., aliás, a seguinte decisão do STJ no tocante ao prazo decadencial:

"Tributário — IPTU — Ação anulatória de débito fiscal cumulada com repetição de indébito — Correção monetária — Incidência — Decadência.

"A correção monetária na repetição de indébito fiscal incide a partir do recolhimento indevido.

"O direito de pleitear a restituição de tributo pago indevidamente extingue-se com o decurso do prazo de cinco (5) anos, contados da data da 'extinção' do crédito tributário.

"As quantias exigidas, pelo Estado, no exercício de sua função impositiva (ou espontaneamente pagas pelo contribuinte, na convicção de solver um débito fiscal), têm a fisionomia própria de entidade tributária, na definição do CTN (art. 3º). *O prazo de decadência, na ação do tributo, começa a fluir com o pagamento do tributo, ainda que indevidamente (extinção do crédito presumido).*

"Recurso conhecido e provido, em parte. Decisão unânime" (1ª T., REsp 92.2335, rel. Min. Demócrito Reinaldo, j. 29.9.93, v.u., *DJU* 25.10.93, p. 22.458).

seu nascedouro. Doutra parte, por implicar inexistência do direito, a decadência pode ser declarada pelo juiz, de ofício. O mesmo não ocorre com o prazo prescricional, que se altera diante da manifestação do titular do direito à ação, podendo, ademais, ser renunciada a prescrição. O Código Tributário Nacional dispõe sobre o prazo prescricional.[28]

No caso do IPTU, se a Fazenda Municipal deixar de efetuar o lançamento verá decair seu direito de fazê-lo, extinguindo-se a obrigação, já que o recolhimento do IPTU só se torna possível após o lançamento realizado pela Fazenda Municipal.

---

28. "Art. 174. A ação para a cobrança do crédito tributário prescreve em 5 (cinco) anos, contados da data da sua constituição definitiva.

"Parágrafo único. A prescrição se interrompe:

"I — pela citação pessoal feita ao devedor;

"II — pelo protesto judicial;

"III — por qualquer ato judicial que constitua em mora o devedor;

"IV — por qualquer ato inequívoco, ainda que extrajudicial, que importe em reconhecimento do débito pelo devedor."

Vale ressaltar que, tratando-se de matéria reservada à lei complementar, não será constitucional eventual lei ordinária que venha, de alguma forma, a trazer inovações quanto ao lapso prescricional. Daí não ser válida a Lei n. 6.830, de 22.9.80, na parte em que alterou o disposto no Código Tributário Nacional quanto à prescrição.

BIBLIOGRAFIA

ABELÁEZ, Gabriel Rojas. *El espíritu del derecho admnistrativo*. Bogotá, Editorial Temis, 1972.

ARZÚA, Heron. "IPTU — Conceito de 'imóvel urbano' no CTN, no Decreto-lei 57/66 e na Lei 5.868/72". *RDTributário* 9-10/338. São Paulo, Ed. RT.

ATALIBA, Geraldo. "Avaliação de imóveis para lançamento de imposto — Ato administrativo por natureza — Caráter regulamentar da planta de valores — Atualização de valores imobiliários". *RDTributário* 7-8/36-59. São Paulo, Ed. RT.

_____. *Estudos e pareceres de direito tributário*. vs. I e III. São Paulo, Ed. RT, 1980.

_____. "Hipótese de incidência e classificação dos impostos". *VI Curso de especialização em direito tributário*. v. I. São Paulo, Resenha Tributária, 1978.

_____. *Hipótese de incidência tributária*. 6ª ed., 5ª tir. São Paulo, Malheiros Editores, 2004.

_____. "IPTU — Progressividade". *RDTributário* 56/75. São Paulo, Ed. RT.

_____. "Normas gerais de direito financeiro e tributário e autonomia dos Estados e Municípios". *RDP* 10/45-85. São Paulo, Ed. RT.

_____. *Sistema constitucional tributário brasileiro*. São Paulo, Ed. RT, 1968.

BALEEIRO, Aliomar. *Direito tributário brasileiro*. 10ª ed. Rio de Janeiro, Forense, 1996.

BARRETO, Aires Fernandino. "A progressividade nos impostos sobre a propriedade imobiliária". *RDTributário* 4/165-181. São Paulo, Ed. RT.

_____. *Base de cálculo, alíquota e princípios constitucionais*. São Paulo, Ed. RT, 1987.

_____. "Impostos municipais". *RDTributário* 47/245-258. São Paulo, Ed. RT.

_____. "Impostos sobre a propriedade imobiliária". *RDTributário* 58/227. São Paulo, Ed. RT.

_____. "Vedação ao efeito de confisco". *RDTributário* 64/96-106. São Paulo, Ed. RT.

_____, e outros. "Imposto sobre a Propriedade Predial e Territorial Urbana (arts. 32 a 34 do CTN)". *Comentários ao Código Tributário Nacional*. v. 2. São Paulo, Ed. RT, 1976.

BECKER, Alfredo Augusto. *Teoria geral do direito tributário*. São Paulo, Saraiva, 1963.

BEREIJO, Álvaro Rodriguez. "El sistema tributario en la Constitución (los límites constitucionales del poder tributario en la jurisprudencia del Tribunal Constitucional)". *RDTributário* 59/7-46. São Paulo, Malheiros Editores.

BERLIRI, Antonio. *Principios de derecho tributario*. 1ª ed., v. II, trad. de Amorós Rica e Eusébio Gonzalez García. Madri, Editorial de Derecho Financiero, 1971.

BOBBIO, Norberto. *Teoria do ordenamento jurídico*. 4ª ed., trad. de Maria Celeste Cordeiro Leite dos Santos. Brasília, UnB, 1994.

BORGES, José Souto Maior. "A isonomia tributária na Constituição Federal de 1988". *RDTributário* 64/8-19. São Paulo, Malheiros Editores.

_____. "IPTU – Progressividade". *RDTributário* 59/73-94. São Paulo, Malheiros Editores.

_____. *Lei complementar tributária*. São Paulo, Ed. RT, 1975.

_____. "O IPTU como instrumento da política urbana". *RDTributário* 60/65-72. São Paulo, Malheiros Editores.

BOTALLO, Eduardo Domingos. "Capacidade contributiva". *RDTributário* 47/234-244. São Paulo, Ed. RT.

_____. "Restituição de impostos indiretos". *RDP* 22/314-332. São Paulo, Ed. RT, 1972.

BUZAID, Alfredo. "Impostos de indústrias e profissões no Município de São Paulo". *RT* 322. São Paulo, Ed. RT.

CAMPOS, Dejalma de. *Imposto sobre a Propriedade Territorial Rural*. São Paulo, Atlas, 1993.

CAMBLER, Everaldo Augusto. *Incorporação imobiliária*. São Paulo, Ed. RT, 1993.

CAMPOS, Francisco. "Igualdade de todos perante a lei". *RDA* 10/376.

CANOTILHO, José Joaquim Gomes. *Constituição dirigente e vinculação do legislador*. Coimbra, Coimbra Editora, 1994.

CANTO, Gilberto de Ulhôa. "Indexação de tributos". *RDTributário* 60/47-50. São Paulo, Malheiros Editores.

CARRAZZA, Roque Antonio. "A progressividade na ordem tributária". *RDTributário* 64/43-55. São Paulo, Ed. RT.

_____. *Curso de direito constitucional tributário*. 19ª ed., 3ª tir. São Paulo, Malheiros Editores, 2004.

_____. "IPTU — Planta genérica de valores". *RDTributário* 29-30/127-131. São Paulo, Ed. RT.

_____. "Impostos municipais". *RDTributário* 52/150. São Paulo, Ed. RT.

_____. *O regulamento no direito tributário brasileiro*. São Paulo, Ed. RT, 1981.

CARVALHO, Paulo de Barros. *Curso de direito tributário*. 6ª ed. São Paulo, Saraiva, 1993; 9ª ed. São Paulo, Saraiva, 1997.

_____. *Teoria da norma tributária*. 2ª ed. São Paulo, Ed. RT, 1991.

COELHO, José Washington. *Código Tributário Nacional interpretado*. Correio da Manhã.

COÊLHO, Sacha Calmon Navarro. *Teoria e prática das multas tributárias*. 2ª ed. Rio de Janeiro, Forense, 1993.

_____. *Teoria geral do tributo e da exoneração tributária*. São Paulo, Ed. RT, 1982.

CORNEJO, Humberto Medrano. *Derecho tributario*. Lima, Perú, Impreso en los Talleres de Artes Gráficas Espino, 1991.

COSTA, Antônio José da. *Da regra-padrão de incidência do Imposto sobre a Propriedade Predial e Territorial Urbana*. Dissertação de Mestrado apresentada na Pontifícia Universidade Católica de São Paulo, sob a orientação de Paulo de Barros Carvalho, 1983.

COSTA, Regina Helena. *Princípio da capacidade contributiva*. 3ª ed. São Paulo, Malheiros Editores, 2003.

DERZI, Misabel de Abreu Machado. *Direito tributário, direito penal e tipo*. São Paulo, Ed. RT, 1988.

_____. "Sobre a utilização de índices de correção monetária inidôneos ou irreais e suas conseqüências jurídicas". *RDTributário* 60/82-95. São Paulo, Malheiros Editores.

DINIZ, Maria Helena. *Código civil anotado*. São Paulo, Saraiva, 1995.

DÓRIA, Antônio Roberto Sampaio. "Conferências e debates". *RDTributário* 56/123. São Paulo, Ed. RT.

_____. *Direito constitucional tributário e "due process of law"*. 2ª ed. Rio de Janeiro, Forense, 1986.

_____, e COÊLHO, Sacha Calmon Navarro. *Do Imposto sobre a Propriedade Predial e Territorial Urbana*. São Paulo, Saraiva, 1982.

FALCÃO, Amílcar. *Fato gerador da obrigação tributária*. 6ª ed. Rio de Janeiro, Forense, 1995.

FANUCCHI, Fábio. "Decadência e prescrição em direito tributário". *VI curso de especialização em direito tributário*. v. I. São Paulo, Resenha Tributária, 1978.

FERRAZ JÚNIOR, Tércio Sampaio. "Competência tributária municipal". *Direito tributário atual* 11-12. São Paulo, Resenha Tributária, 1992.

FERREIRA, Pinto. *Comentários à Constituição brasileira*. v. 2. São Paulo, Saraiva, 1990.

FERREIRA FILHO, Manoel Gonçalves. *Comentários à Constituição brasileira*. 5ª ed. São Paulo, Saraiva, 1984.

_____. *Curso de direito constitucional*. 7ª ed. São Paulo, Saraiva, 1978.

FIGUEIRAS JÚNIOR, J. D. *Posse e ações possessórias*. v. I. Curitiba, Juruá, 1994.

FIGUEIREDO, Lucia Valle. "Competências administrativas dos Estados e Municípios — Licitações". *RTDP* 8/24-39. São Paulo, Malheiros Editores, 1994.

_____. *Curso de direito administrativo*. 6ª ed. São Paulo, Malheiros Editores, 2003.

_____. *O princípio da moralidade administrativa e o direito tributário*. Trabalho inédito.

_____. "Princípos de proteção ao contribuinte: princípio de segurança jurídica". *RDTributário* 47/56. São Paulo, Ed. RT.

FORSTHOFF, Ernst. *Tratado de derecho administrativo*. 7ª ed. Madri, Gráficas Uguina, Meléndez Valdés, 1958.

GÈZE, Gaston. In: *RDA* 2/50.

GIANNINI, A. D. *Diritto tributario*. Milão, Giuffrè, 1956 (p. 78).

_____. *Istituzioni di diritto tributario*. Milão, Giuffrè, 1974.

GIARDINA, Emilio. *Le base teoriche del principio della capacità contributiva*. Milão, 1961 (p. 5).

GRECO, Marco Aurélio. "IPTU — Progressividade — Função social da propriedade". *RDTributário* 52/110-121. São Paulo, Ed. RT.

GUERRA, Maria Magnólia Lima. *Aspectos jurídicos do uso do solo urbano*. Fortaleza, 1981.

HEDERRA, Sérgio Carvalho. *Fundamentos económicos de la legislación tributaria chilena*. Santiago, Editorial Jurídica de Chile, 1967.

HENSEL, Albert. *Diritto tributario*. Milão, Giuffrè, 1956.

HORVATH, Estevão. "Conferências e debates". *RDTributário* 58/135-139. São Paulo, Ed. RT.

JARACH, Dino. *O fato imponível*. Trad. de Dejalma de Campos. São Paulo, Ed. RT, 1989.

JUSTEN FILHO, Marçal. "Breve abordagem jurídica da indexação". *RDTributário* 60/73-81. São Paulo, Malheiros Editores.

_____. *Sujeição passiva tributária*. 1ª ed. Belém, Edições CEJUP, 1986.

KELSEN, Hans. *Teoria pura do Direito*. 2ª ed., trad. de João Baptista Machado. São Paulo, Martins Fontes, 1987.

LAPATZA, José Juan Ferreiro. "Sujetos pasivos y capacidad económica". *RDTributário* 59/160-167. São Paulo, Malheiros Editores.

LARENZ, Karl. *Metodologia da ciência do Direito*. 5ª ed., trad. de José Lamego. Lisboa, Fundação Calouste Gulbenkian, 1983.

LIMA, Ruy Cirne. *Princípios de direito administrativo*. 5ª ed. São Paulo, Ed. RT, 1982.

MACHADO, Hugo de Brito. *Curso de direito tributário*. 23ª ed. São Paulo, Malheiros Editores, 2003.

_____. *Os princípios jurídicos da tributação na Constituição de 1988*. São Paulo, Ed. RT, 1989.

MALUF, Sahid. *Direito constitucional*. 18ª ed. São Paulo, Sugestões Literárias, 1986.

MEIRELLES, Hely Lopes. *Direito municipal brasileiro*. 13ª ed. São Paulo, Malheiros Editores, 2003.

MELLO, Celso Antônio Bandeira de. "Apontamentos sobre o poder de polícia". *RDTributário* 9/55-68.

_____. *Curso de direito administrativo*. 17ª ed. São Paulo, Malheiros Editores, 2004.

_____. *Discricionariedade e controle jurisdicional*. 2ª ed., 6ª tir. São Paulo, Malheiros Editores, 2003.

_____. "Novos aspectos da função social da propriedade". *RDP* 84.

_____. *O conteúdo jurídico do princípio da igualdade*. 3ª ed., 11ª tir. São Paulo, Malheiros Editores, 2003.

MELO, José Eduardo Soares de. "IPTU — A função social da propriedade e a progressividade das alíquotas". *Revista dialética de direito tributário* 1/41-56.

_____. "Tributos em espécie (Conferências e debates)". *RDT* 58/132. São Paulo, Ed. RT.

MICHELI, Gian Antonio. *Curso de derecho tributario*. Trad. de Julio Banacloche. Madri, Editorial de Derecho Financiero, 1975.

_____. *Curso de direito tributário*. Trad. de Marco Aurélio Greco e Pedro Luciano Marrey Júnior. São Paulo, Ed. RT, 1978.

MIRANDA, Adalmir da Cunha. *Comentários à Constituição de 1967*. t. V. São Paulo, Ed. RT, 1968.

_____. *Tributos municipais — Anteprojeto de Código Tributário Municipal anotado*. São Paulo, Fundação Prefeito Faria Lima, 1978.

MISES. *Human action*. Trad. italiana. Turim, 1959.

NAZAR CARRAZZA, Elizabeth. *IPTU e progressividade — Igualdade e capacidade contributiva*. 2ª ed. Curitiba, Juruá, 1996.

OLIVEIRA, José Marcos Domingues de. *Capacidade contributiva — Conteúdo e eficácia do princípio*. Rio de Janeiro, Renovar, 1988.

OLIVEIRA, Yonne Dolácio de. *A tipicidade no direito tributário brasileiro*. São Paulo, Saraiva, 1980.

PONTES DE MIRANDA, Francisco Cavalcanti. *Comentários à Constituição de 1946*. 2ª ed., t. II. São Paulo, Max Limonad, 1953.

_____. *Comentários à Constituição de 1967*. ts. II, IV e V. São Paulo, Ed. RT, 1968.

POSADAS-BELGRANO, G. A. *Derecho tributario*. Montevidéu, Medina, 1962.

ROCHA, Valdir de Oliveira. *Determinação do montante do tributo*. São Paulo, IOB, 1992.

ROMANO, Santi. *Princípios de direito constitucional geral*. Trad. de Maria Helena Diniz. São Paulo, Ed. RT, 1977.

SANTI, Eurico Marcos Diniz de. *Lançamento tributário*. São Paulo, Max Limonad, 1996.

SILVA, José Afonso da. *Curso de direito constitucional positivo*. 23ª ed. São Paulo, Malheiros Editores, 2004.

SOUZA, Rubens Gomes de. *Compêndio de legislação tributária*. 2ª ed. Rio de Janeiro, Financeiras, 1954.

_____. "Imposto de Indústrias e Profissões no Município de São Paulo". *RT* 322/7-19.

SUNDFELD, Carlos Ari. *Direito administrativo ordenador*. 1ª ed., 3ª tir. São Paulo, Malheiros Editores, 2003.

_____. *Fundamentos de direito público*. 4ª ed., 4ª tir. São Paulo, Malheiros Editores, 2003.

TÁCITO, Caio. "O poder de polícia e seus limites". *RDA* 27/5.

TEMER, Michel. *Elementos de direito constitucional*. 19ª ed. São Paulo, Malheiros Editores, 2003.

UCKMAR, Víctor. *Princípios comuns de direito constitucional tributário*. Trad. de Marco Aurélio Greco. 2ª ed. São Paulo, Mallheiros Editores, 1999.

VALCÁRCEL, Ernesto Lejeune. "Aproximación al principio constitucional de igualdad tributaria". *RDTributário* 15-166/31-74. São Paulo, Ed. RT.

VILLEGAS, Héctor. *Curso de direito tributário*. São Paulo, Ed. RT, 1980.

WALD, Arnoldo. "Lei de zoneamento urbano — Competência exclusiva do Legislativo municipal — Delegação de poderes ao Executivo". *RTDP* 8/47-60. São Paulo, Malheiros Editores, 1994.

XAVIER, Alberto. "Imposto Predial e Territorial Urbano — Determinação da base de cálculo". *RDTributário* 13-14/89. São Paulo, Ed. RT.

_____. *Manual de direito fiscal*. Lisboa, Almedina, 1974.

_____. "O princípio da legalidade no Brasil". *RDTributário* 41/116-130. São Paulo, Ed. RT.

_____. *Os princípios da legalidade e da tipicidade da tributação*. 1ª ed. São Paulo, Ed. RT, 1978.

* * *

GRÁFICA PAYM
Tel. (011) 4392-3344
paym@terra.com.br